CATHRIN BRANDES & FLORIAN BOLK

BERLIN BRODELT

DIE STADT KOCHT

Seit der ersten Edition der Buchreihe „Berlin - Die Stadt kocht" im Jahr 2013 hat sich in unserer Lieblingsstadt kulinarisch unfassbar viel getan. Berlin ist der deutsche Landeplatz für Food-Trends aus aller Welt geworden, der Inkubator neuer gastronomischer Ideen, der Leuchtturm für verantwortungsbewusste Lebensmittelproduktion und der Schauplatz zahlreicher Festivals, Messen und Märkte für Genießer. Pizza wie in Neapel, Bagels wie in New York, Meze wie in Istanbul, BBQ wie in Thailand, Pommes wie in Belgien oder Klassiker aus Frankreich … Die Liste der in Berlin angebotenen Gaumenfreuden ist lang und länger geworden und so hat sich das Autorenteam Cathrin Brandes und Florian Bolk genussvoll an die komplette Überarbeitung des mittlerweile vergriffenen ersten Bandes gemacht. Nun folgt also „Berlin brodelt", eine Momentaufnahme der kulinarischen Eskalation in der Hauptstadt.

Tatsächlich bietet Berlin mittlerweile Speisen und Getränke für jeden Geschmack, jede Weltanschauung und jede Lebenslage. Und das fast rund um die Uhr! Egal, ob man Veganer ist oder sich ernähren möchte wie die Steinzeitmenschen. Egal, ob man lieber ein Menü mit fünfzehn Gängen im Sterne-Restaurant isst oder einen Burger am Streetfood Truck des Vertrauens. Wer die Stadt und ihr früher eher karges kulinarisches Angebot kennt, kommt über die rasante Entwicklung aus dem Staunen nicht mehr heraus. Wer aus London, Amsterdam oder New York hierher zieht, bringt nochmal neue Ideen und frischen Schwung mit.

Um dieses überbordende gastronomische Angebot, diese unglaubliche Fülle überhaupt zu erschmecken und zu erfassen, haben sich die Autorin Cathrin Brandes und der Fotograf Florian Bolk wieder die kenntnisreiche Unterstützung

von namhaften Connaisseuren, Gestaltern und Freunden der kulinarischen Hauptstadt Deutschlands geholt. Jeder dieser ausgewiesenen Kenner verrät in seinem Kapitel Lieblingsorte, Highlights und Geheimtipps, sodass dieser Genussführer prall gefüllt ist mit dem Allerbesten, was Berlin zu bieten hat. Zum besseren Überblick sind die einzelnen Kapitel in sechs genussvolle Kategorien unterteilt, quasi die Zutaten, die Berlin zum Brodeln bringen. Präsentiert werden sternedekorierte Glanzlichter, Gastronomien, die akutes Fernweh gleichzeitig auslösen und kurieren können, Konzepte bei denen Fisch, Fleisch & Gemüse im Vordergrund stehen, die New Modern Kochkunst, das Streetfood und die besten Feinkost-Adressen.

Florian Bolk hat die Akteure am Herd, am Grill oder hinter dem Ladentresen fotografisch begleitet und Cathrin Brandes hat ihre Leidenschaft und ihre Philosophie in Worte gefasst.

Dazu haben die porträtierten Köche, Händler oder Produzenten ihre Rezepte verraten und Lieblingsprodukte vorgestellt. Ein Kapitel über Könner rundet das Buch inhaltlich ab, denn die Berliner Gastronomieszene hat viele engagierte Akteure und loyale Unterstützer aus nah und fern. Bei der Arbeit zu diesem Buch sind sie uns begegnet, es sind Produzenten mit Begeisterung, Händler mit Visionen und zuverlässige Dienstleister aus vollem Herzen. Sie alle zeichnet die Leidenschaft für ihr Handeln aus: ob bei der Bewahrung und Wiederbelebung von schönen Traditionen und guten Produkten, bei der nimmermüden Arbeit hinter und vor den bunten Kulissen der Stadt oder bei der Entwicklung neuer Ideen für Händler und Gastronomen, für Kunden und Gäste.

Hier stellen wir sie vor. Guten Appetit!

Inhalt

Per Meurling

Restaurant Blogger

Leidenschaftlich suchen

Man kann es kaum glauben: Weit über 1.000 Berliner Restaurants hat er schon getestet. Ein bisschen verrückt ist das schon. Oder eigentlich auch nicht. Denn der Schwede Per Meurling hat sich in wenigen Jahren vom Freizeit-Genießer zu einem intimen Kenner der Gastroszene Berlins entwickelt. Und zwar auf allen Ebenen.

Er testet Döner und Burger mit genau derselben Leidenschaft wie das neueste Fine Dining Restaurant. Dabei ist er immer unabhängig und fair. Wer wissen will, wo man in der Hauptstadt gerade essen gehen muss, kommt an seinem Blog „Berlin Food Stories" wirklich nicht vorbei.

MENÜ II

DE FOIE DE CANARD,
EINGELEGTE GURKEN,
WALNUSS

SPREEWALD FORELLE,
INGELEGTE PFIFFERLINGE,
RAUCHSPECK-DASHI
LAMMBRIES,
AISERGRANAT, SEEGRAS,
RÜBEN

ÉTOUFFÉE TAUBE,
HLRABI, BRUNNENKRESSE,
LEINSAAT

CHWARZE JOHANNISBEERE
STRAUCHEIS, BUTTERMILCH

MENÜ I

GEBEIZTER WITTLING,
GERÄUCHERTE AUSTERNCREME
SELLERIE, HOLUNDERKAPERN

SCHAF
RA

Modern Französisch

Als das Bandol sur mer im Jahr 2016 seinen Michelin-Stern bekam, war der eine oder andere Gastrokenner in Berlin doch überrascht. Das unkonventionelle Restaurant mit dem unkonventionellen Chefkoch entspricht so gar nicht dem weit verbreiteten Image eines Sterne-Restaurants. Keine weißen Tischdecken, keine silbernen Kerzenleuchter, kein schweres Besteck, keine richtige Speisekarte. Doch der französische Hauch bei der Speisenkreation und die aromatische Präzision auf dem Teller waren in der Stadt ja schon lange ein Geheimtipp und haben dann auch die Tester der kulinarischen Institution überzeugt.

Andreas Saul sieht das alles gelassen. Er experimentiert weiter mit regionalen Zutaten und feilt an seinem ganz persönlichen Stil. Veränderungen hat er im Restaurant nicht vorgenommen. Wozu auch? Es ist alles gut, so wie es ist.

Bandol sur mer

Sterne-Restaurant

Michael Pickers

Andreas Saul

Lammbries mit Kaisergranat und weißen Rüben

4 Portionen

Lammbries

250 g	Lammbries
100 g	Butter
Mehl, Salz	
geröstete Koriandersaat	

Kaisergranat

150 g	Kaisergranat (ohne Kopf und Schale)
9 g	Salz
9 g	Zucker

Schwarzer Rettich

200 g	schwarzer Rettich
4 g	Salz
15 ml	Reisessig
20 ml	Sake
10 g	Zucker
2 g	Salz

Teltower Rübchen

10 ml	Essig (7 % Säure)
10 g	Zucker
20 ml	Wasser
4 g	Salz

Krustentier-Mayonnaise

1 EL	Senf
2	Eigelb
Limettensaft	
250 ml	Krustentier-Öl
Salz	
geröstete Koriandersaat	

Garnitur

Seegras
Algenpulver
Bärlauchblüten

Lammbries

Lammbries wässern und putzen. In mundgerechte Stücke schneiden und leicht mit Mehl bestäuben. In Butter bei mittlerer Hitze goldbraun ausbacken. Mit Salz und gerösteter Koriandersaat würzen.

Kaisergranat

Kaisergranat in Salz und Zucker 15 Min. beizen. Kalt abspülen und trocken tupfen.

Schwarzer Rettich

Rettich schälen und dünn aufschneiden. Mit dem Salz vermengen und 2 Std. ziehen lassen. Alle anderen Zutaten verrühren, bis sich Salz und Zucker vollständig gelöst haben, und über den Rettich geben.

Teltower Rübchen

Rüben schälen und dünn aufschneiden.
Alle anderen Zutaten 3 Min. kochen lassen, auskühlen und über die Teltower Rübchen geben.

Krustentier-Mayonnaise

Senf, Eigelb und Limettensaft mit dem Stabmixer vermengen.
In einem hohen Gefäß das Krustentier-Öl langsam bis zur gewünschten cremigen Konsistenz einlaufen lassen. Mit Salz und gerösteter Koriandersaat abschmecken.

Kin Dee

Restaurant

HÖHERE WESEN BEZAH- LEN

Berlin Thai Cuisine

Das Wichtigste: Es soll schmecken wie in Thailand! Ob die Zutaten für ihre Gerichte aus Asien kommen, ist Chefköchin Dalad Kambhu nicht so wichtig. Im Gegenteil: Auf unreif geerntete und eingeflogene Papaya oder Mango kann sie gut verzichten. Stattdessen nimmt sie heimische Kohlrabi oder Äpfel und hat damit auch schon das Einzigartige an ihrem Konzept erklärt. Den Geschmack ihrer Heimat hat sie im Kopf. Präzise Erinnerungen an die Aromen der Küche ihrer Mutter und Großmutter, an Familienfeste und Restaurantbesuche sind die Basis ihrer Gerichte.

Die typischen geschmacksintensiven Gewürzmischungen und komplexen Currypasten mischt sie selbst, streng nach dem, was ihr Gaumen ihr vorgibt. Damit schafft Dalad Kambhu es, auch eine Topinamburknolle aus Brandenburg in ein hocharomatisch thailändisches Gericht zu verwandeln, das in Berlin seinesgleichen sucht.

Dalad Kambhu

15

Yum Root Vegetables

4 Portionen

Karotten & Topinambur

1 Bund   Karotten
4 Stk   Topinambur
1 Zehe   Knoblauch
Pflanzenöl, Salz
nach Belieben Koriander- und Cuminsaat

Rote Bete

2 kg   Rote Bete
nach Belieben Chili-Paste

Dressing

2 EL   Waldhonig
1 EL   Fischsauce
1,5 EL   Limettensaft
1 Prise   Salz
1 Stengel Europagras (langer Koriander)
1   Chili

Karotten & Topinambur

Das Gemüse waschen, in mundgerechte Stücke schneiden, zusammen mit etwas Öl, Salz und Knoblauch auf ein Backblech geben und bei 195 °C für 18 Min. garen. Nun Koriander- und Cuminsaat hinzugeben und weitere 2 Min. backen.

Rote Bete

Die Bete waschen, aber nicht schälen, vierteln, in Backpapier einwickeln und auf einem Backblech bei 300 °C für mindestens 60 Min. garen bzw., bis sie weich ist. Die Bete ist gar, wenn man mit einer Gabel leicht, ohne großen Widerstand, reinstechen kann. Die gegarte Bete auskühlen lassen und im Mixer pürieren (sollte das Püree zu wässrig sein, muss etwas von der Flüssigkeit abgegossen werden).
Zum Schluss Rote Bete-Püree und Chili-Paste in einem Verhältnis von 4 : 1 mixen.

Dressing

Koriander und Chili fein hacken und zusammen mit allen anderen Zutaten gut verrühren.

Fische Paradies

In Spanien isst The Duc Ngo am liebsten Fisch. Ganz schlicht a la plancha gegrillt, beträufelt mit exzellentem Olivenöl und mit Meersalz gewürzt.

Leider hat der Berliner Gastronom gar nicht so viel Zeit zu reisen, denn gerade hat er seinen zehnten Laden eröffnet und weitere sollen folgen. Deswegen hat er kurzerhand ein spanisches Fischrestaurant, natürlich auf der Kantstraße, dem Herzen der West-Berliner-Gastronomie, eröffnet. Dort gibt es ultrafrischen Fisch – ganz schlicht gegrillt. Wie in Spanien. Aber The Duc Ngo wäre nicht er selbst, wenn er dem Ganzen nicht noch ein asiatisches Augenzwinkern verleihen würde.

Der Fisch aus der unfassbar langen Fischvitrine wird vom Sushi-Meister zerlegt. Neben den mediterranen und portugiesischen Fischgerichten gibt es auch Poké – einen hawaianischen Fischsalat, der auf dem „Food-Trend-Barometer" gerade steil nach oben klettert. Wenn man keinen großen Hunger hat, bestellt man ein paar frische Austern, ein perlendes Glas Crémant und erfreut sich am ausgefeilten Restaurantdesign.

Funky Fisch

Fischrestaurant

펑키 生魚羊 、、 와우!!

Funky Funky 물고기 해산물
그릴

Funky Fisch

生鮮 펑키 피
펑 키

Sole Savoy Choc
Escabeche
Cod Carpaccio
Salmon Car
Tuna Carpac
Papillote
Orange Coo
Leek Potat
Caesar Sala
Grapefruit
nton Jag's

The Duc Ngo

19

Marian Krieger

Tuna Tataki

4 Portionen

400 g	Thunfisch Loin
240 g	Risotto Carnaroli
½	Zwiebel
½	Lauchstange
50 ml	Weißwein
40 g	Parmesan
40 g	Butter
20 g	Petersilie
20 g	Koriander
20 g	Kerbel
20 g	Minze
20 g	Estragon
20 g	Dill
20 g	Spinat
½	Zitrone
Salz, Pfeffer	

Spinat und die Kräuter in kochendem Wasser blanchieren. Bis fünf zählen und im Eiswasser abschrecken. Das Wasser vom Blanchieren aufbewahren. Wenn alles abgekühlt ist, fein schneiden.

Für das Risotto Zwiebel und Lauch in Brunoise (kleine Würfel) schneiden. In einem Topf mit Olivenöl für ca. 2 Min. anschwitzen. Risotto, Salz und Pfeffer hinzugeben und für weitere 2 Min. unter Rühren mit anschwitzen. Nun alles mit Weißwein bedecken und – immer weiter rühren – reduzieren lassen. Danach für ca. 10 Min. immer wieder mit dem Wasser vom Blanchieren aufgießen, rühren und reduzieren, bis der Reis al dente ist. Nun Butter, Parmesan, Kräuter, Spinat und den Saft der Zitrone unterrühren.

Die Pfanne mit ein wenig Öl maximal aufheizen. Den Thunfisch in vier 100 g Portionen teilen, salzen und vier Seiten kurz anbraten, zwei Seiten roh lassen. Den Fisch auf den Risotto platzieren.

Als Dekoration einen kleinen Salat aus Kräuterblättern auf den Thunfisch legen.

Lode & Stijn

Dining Room

Lode van Zuylen

Stijn Remi

Alles richtig

Als die beiden Freunde Lode van Zuylen und Stijn Remi 2016 ihr kleines Restaurant in Kreuzberg eröffneten, stand ihre kulinarische Fanbase schon Schlange. Schließlich hatten die jungen Niederländer mit Supper Clubs und anderen Pop-Up-Aktionen bereits von sich reden gemacht. Gefunden haben sich die beiden schon vor über 10 Jahren an der Kochschule in ihrer Heimat.

Der Legende nach war ihnen damals schon klar, dass sie zusammen ein Restaurant eröffnen würden. Bis es dazu kam, haben sie, jeder für sich, international die Welt der Gastronomie erkundet. Glücklicherweise sind sie dann, jeder für sich, der Liebe wegen in Berlin gelandet und haben ihre Pläne wieder aufgenommen.

Mit ihrem verständlichen Speisekonzept haben die beiden eine Lücke in der Berliner Gastronomielandschaft zumindest etwas angefüllt: unprätentiöse, aber sehr hochwertige, schlichte, aber durchaus aromatische Speisen zu einem vernünftigen Menüpreis. Auch die moderne, freundliche Einrichtung trägt dazu bei, dass man sich bei Lode & Stijn einfach wohl fühlt, egal ob mit Freunden, Familie oder Geschäftspartnern. Rundum geschmackvoll!

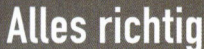

Roggen, Kohlrabi und Molke

4 Portionen

Roggensprossen
200 g Roggenkörner
frische Molke
Butter
50 g Macadamia-Nüsse

Molke-Sauce
0,5 l frische Molke
100 g Sahne
Butter, Salz

Kohlrabi
3 Kohlrabi
Salz
Butter
Molke

Roggensprossen
Roggenkörner für eine Nacht in Wasser legen.
Dann 3 – 4 Tage auf einem nassen Tuch in einen flachen Behälter mit Löchern legen oder in ein Sieb, das mit einem nassen Tuch abgedeckt wird. Zweimal täglich vorsichtig die Körner in frischem Wasser waschen. Die Sprossen sind fertig, wenn ein kleiner Keim aus dem Korn kommt und die Körner leicht süß schmecken. Die Sprossen in kaltem Wasser aufkochen, abgießen und etwas abkühlen lassen. Zuletzt mit etwas kalter Butter und einem Schuss frischer Molke kurz erwärmen. Die Macadamia-Nüsse grob hacken, dazugeben, abschmecken.

Molke-Sauce
Die frische Molke kochen, bis nur noch die Hälfte übrig ist. Sahne und 2 EL braune Butter dazugeben, mit Salz und eventuell einem Schluck Molke abschmecken.

Kohlrabi
2 Kohlrabi schälen und in unebene Würfel schneiden. Die Stücke in Salzwasser blanchieren und mit kaltem Wasser abschrecken.
Kohlrabi ebenfalls mit etwas kalter Butter und einem Schuss Molke erwärmen. Den dritten Kohlrabi schälen und dünn hobeln.

Die Sprossen auf dem Teller anrichten, dann den aufgewärmten Kohlrabi und die aufgeschäumte Molke-Sauce darübergeben. Zum Schluss mit dem gehobelten Kohlrabi und etwas Meersalz garnieren.

Barbecue Hühnerleber mit Nam Jim Jaew

4 Portionen

Hühnerleber

1 kg	Hühnerleber, geputzt
200 ml	Milch
30 g	Knoblauch
10 g	Korianderwurzel (alternativ Stängel verwenden)
5 g	Zitronengras
5 g	schwarzer Pfefferkörner
10 g	Zucker
2 g	Glutamat
50 ml	Thai Thin Soy Sauce
70 ml	Thai Sweet Soy Sauce
20 ml	Austern Sauce

Dipping Sauce

30 g	Fischsauce
30 g	Limettensaft
10 g	fermentierte Fischsauce
15 g	Palmzucker
20 g	geröstete, getrocknete Chilis
10 g	geröstetes Reispulver
2 g	Glutamat
5 g	Zitronengras
5 g	Galgant
5 g	Knoblauch
5 g	Thai Schalotten

Hühnerleber

Vorsichtig Häute und Venen der Leber entfernen und für 1 Std. in Milch einlegen. Währenddessen Knoblauch, Korianderwurzel und Zitronengras in einem Granitmörser zu einer groben Paste verarbeiten. Pfeffer, Zucker und Glutamat hinzufügen. Weitermörsern, bis der Pfeffer fein vermahlen ist. Soja- und Austernsauce zur Paste hinzufügen, die Marinade über der Leber verteilen und für mind. 4 Std. kühlstellen. Bei mittlerer Hitze über Holzkohle grillen, bis die Leber eine pinke Farbe erhält.

Sauce

Für die Dipping Sauce Zitronengras, Galgant, Knoblauch und Schalotten im Granitmörser zu einer groben Paste verarbeiten. Palmzucker, Chilis, Reispulver und Glutamat hinzufügen und weitermörsern, bis alles gleichmäßig vermengt ist. Zum Schluss Fischsauce und Limettensaft hinzufügen und vermengen. Die Sauce ist in einem luftdichten Behälter einige Tage im Kühlschrank haltbar.

Khwan

Thai-BBQ

Daniel Lambert

Hot Stuff

Da, wo Berlin so abgerockt ist, wie es jeder erwartet, nämlich auf dem RAW-Gelände, hat der Brite Daniel Lambert den idealen Platz für sein holzbefeuertes BBQ gefunden.

Nach einigen sehr erfolgreichen Runden auf den Streetfood-Märkten der Stadt serviert er in einer angemessen schraddeligen Holzbude zu Indie-Rock-Klängen das angeblich beste Thai-BBQ der Stadt. Er grillt Austern, glasiert Lamm, verkohlt Gemüse, räuchert Schweinebauch und fermentiert seine eigene Sriracha. Aus allen Zutaten kitzelt er das letzte Quentchen Umami heraus und bringt die Thai-Aromenwelt so auf den Punkt wie sonst keiner in der Stadt. Ein bisschen besessen ist der Auto-didakt am BBQ-Grill schon. Aber auf eine gute Art.

Blomeyer's Käse

Feinkost

1 | Gepfeffertes Ärschle
von der Bio-Käserei Zurwies
Allgäuer Heumilch
Weichkäse mit Rotschmiere und
grünem Madagaskarpfeffer

Um die Schärfe des Pfeffers abzumildern,
wird dieser für drei Tage in Salzlake eingelegt – mild mit Knack.

2 | Lavendel-Brikett
von Capriolenhof Uckermark
Ziegen-Rohlmilch
2 – 3 Wochen auf der Hefe gereift
veredelt mit Lavendel aus dem
eigenen Garten

*„Der beste Ziegenweichkäse in Deutsch-
land!"*, sagt das Blomeyer´s Käse Team.

3 | Geifertshofener Schwarzbierkäse
von der Dorfkäserei Geifertshofen
thermatisierte Bio-Heumilch
4 – 6 Monate gereift
pikant, in Schwarzbier eingelegt

4 | Imberger Bauernkäse Classico
von der Dorfkäserei Geifertshofen
Rohmilch / Bio-Heumilch
14 Monate gereift
kräftig, würzig, salzig

Die Käselaibe reifen unter perfekten
klimatischen Bedingungen im eigens
dafür hergerichteten Keller im Imberg.

Alles deutscher Käse

Über jemanden, der sein Jurastudium an den Nagel hängt, um im Allgäu das Käsen zu lernen, kann man schonmal sagen, dass sie ihn heftig erwischt hat. Gemeint ist natürlich die Liebe zum Käse. Und zwar ausschließlich zum Käse aus Deutschland, hergestellt in handwerklich arbeitenden Käsereien.

Wenn dieser Jemand sich dann nach und nach als Käsehändler bei der Spitzengastronomie in Berlin und anderswo positioniert, mittlerweile als Eminenz in Sachen deutscher Käse gilt und seinen eigenen Laden eröffnet hat, dann kann man schonmal sagen, dass die Sache mit dem Käse wohl die richtige Entscheidung war.

Fritz Blomeyer ist zum Botschafter eines Käses geworden, von dem viele gar nicht wussten, dass es ihn gibt. Deutschland hat ja für viele Produkte einen guten Ruf, aber Käse war bislang nicht darunter. Das könnte sich noch ändern.
Dank Menschen wie Fritz Blomeyer.

Fritz Lloyd Blomeyer

Almila Bagriacik

Schauspielerin

Zeit für Genuss

Viel Zeit bleibt ihr derzeit nicht, um gemütlich in Cafés zu frühstücken oder ganze Abende genüsslich in Restaurants zu verbringen. Almila Bagriacik, in Ankara geboren und in Berlin groß geworden, ist einfach zu viel unterwegs auf Dreharbeiten, Proben und Castings, auf der Bühne und vor der Kamera.

Seit ihrem Debüt als junge Schauspielerin in dem vielfach ausgezeichneten Drama „Die Fremde" (2010) ist ihr Leben um einiges turbulenter geworden. Nominierungen, Preise und immer wieder beeindruckende Rollen zeugen von ihrem Können. Umso wichtiger ist es Almila Bagriacik, die wenige Zeit für sich, für ihre Familie und Freunde an Orten zu verbringen, die ihr etwas bedeuten und mit denen sie etwas verbindet. Freude und Genuss zu teilen liegt in ihrer Natur, sagt sie und trotz der vielen Reiserei – ein Leben ohne Berlin kann sich Almila einfach nicht vorstellen.

Cookies Cream

Sterne-Restaurant

Stephan Hentschel

Jan Haring

Cookies Dream

Als Heinz Gindullis vor zehn Jahren seinen legendären Club Cookies mit einem vegetarischen Restaurant ergänzte, war noch nicht klar, wo die Reise hingehen würde. Sein junger Küchenchef Stephan Hentschel hatte wenig bis keine Erfahrung in der Gemüseküche und woher sollte sie auch kommen?

Gastronom und Koch betraten eindeutig kulinarisches Neuland in Deutschland. Dass diese Pionierarbeit einmal mit einem Michelin-Stern ausgezeichnet würde, daran hat im Traum niemand gedacht. Doch Stephan Hentschels konstante Hinwendung zum Gemüse, seine nimmermüde Arbeit mit Aromen und Techniken und die Entwicklung eines ganz persönlichen Stils haben es möglich gemacht: Keiner vermisst im Cookies Cream Fisch oder Fleisch. Warum auch, wenn man sich an Gerichten wie dem beliebten Parmesanknödel mit Trüffeln erfreuen kann, der als Signature Dish ständig liebevoll weiterentwickelt wird. Dazu passen die Weine aus der neuen Karte mit Schwerpunkt auf Biodynamik und Naturweinen perfekt.

Bunte Bete mit Oliven und Gnocchi

4 Portionen

Rote Bete

2 Bd	kleine Rote Bete
1 l	Sojasauce
250 ml	Mirin (Reisessig)
1 Bd	Shiso-Blätter
1 l	Rote Bete-Saft

Meersalz, Thymian

Gelbe Bete

1	Gelbe Bete
1	kleine Schalotte
4 cl	Balsamico, hell
2 cl	Öl

Oliven

200 g	schwarze Oliven ohne Kern
100 g	Pankomehl

Thymian

Gnocchi

1 kg	Kartoffeln, mehligkochend

grobes Meersalz

100 g	Semola Grieß
50 g	Speisestärke

Salz, Muskat

Rote Bete

Die kleinen Beten waschen, mit etwas Meersalz und Thymian in Alufolie einschlagen und bei 180 ° C für 30 – 40 Min. backen (mit einem Zahnstocher testen, ob sie weich sind). Anschließend abkühlen lassen und pellen. Shiso-Blätter eine Woche in Sojasauce und Reisessig einlegen (ersatzweise Ponzu-Sauce im Asia-Laden kaufen). Die Shiso-Blätter herausnehmen und die Flüssigkeit auf 500 ml reduzieren. Einen Liter Rote Bete-Saft auf 400 ml reduzieren. Den Sud mit der Shiso/Soja-Reduktion abschmecken. Alles etwas abbinden. Die kleinen Beten dazugeben und erwärmen.

Gelbe Bete

Die Bete waschen und auf der Aufschnittmaschine oder Mandoline in dünne Scheiben schneiden. Schalotte in Ringe schneiden und alles mit etwas Salz, Balsamico und Öl vakuumieren oder einlegen und 20 Min. marinieren.

Oliven

Die Oliven bei 70 ° C für 10 Std. trocknen (oder getrocknete Oliven kaufen), mit Pankomehl und etwas gezupftem Thymian grob mixen.

Gnocchi

Die Kartoffeln waschen, trocknen, auf ein Blech mit grobem Meersalz setzen und bei 180 ° C mindestens 30 Min. backen, bis sie weich sind. Pellen und pressen.
750 g kalte Kartoffelmasse mit Grieß, Stärke, Salz und Muskat verkneten. Die Masse portionieren, im Wasser garen und in Eiswasser abschrecken. Abschließend die Gnocchi in Olivenöl anbraten.

Gegrillter Lauch mit Sesam & Meerrettich

4 Portionen

Gegrillter Lauch
4 Stangen Lauch

Lauchöl
Lauchgrün
500 ml   Pflanzenöl

Lauchcreme
350 g   Lauchöl
6 g   Salz
300 g   Sojasahne

Weiße Meerrettichcreme
350 g   Rapsöl
6 g   Salz
300 g   Sojasahne
frischer Meerrettich

Sesamchip
80 g   Mondamin
5 g   Salz
600 ml   Wasser
100 g   Sesam

Gegrillter Lauch
Lauch gründlich waschen, die grünen Enden abschneiden und für die Zubereitung des Öls aufheben. Den restlichen Lauch auf einem heißen Grill fast schwarz werden lassen. Nach dem Abkühlen die verbrannte Außenhaut sowie den Strunk entfernen und das Herz in Stücke schneiden.

Lauchöl
Das Lauchgrün in kleinere Stücke schneiden und mit dem Pflanzenöl im Thermomixer auf 70 ° C erhitzen. Nach dem Abkühlen wird die Masse eingefroren, dabei trennen sich Wasser und Öl, sodass das reine Lauchöl abgegossen werden kann.

Lauchcreme
Alle Zutaten im Thermomixer zur Creme mixen.

Weiße Meerrettichcreme
Alle Zutaten im Thermomixer zur Creme mixen und mit fein geriebenem Meerrettich abschmecken.

Sesamchip
Wasser, Salz und Mondamin verrühren, kurz aufkochen lassen und nun den Sesam dazugeben. Die Masse auf einem mit Backpapier ausgelegtem Blech dünn ausstreichen, für 25 Min. bei 180 ° C backen, kurz abkühlen lassen und zu Chips zerbrechen.

Feine Abwechslung

Die opulent gefüllte Feinkost-Theke im Meyan ist bestimmt der wichtigste, aber nicht der einzige Blickfang in dem so offen und freundlich gestalteten Lokal in Schöneberg. Die bunten türkischen Teller an den Backsteinwänden, die aufgepeppten antiken Tische und Stühle und überall die Leseexemplare türkischer Literatur laden genauso zum Eintreten und Verweilen ein wie die Gastfreundschaft von Ali und Çigdem Yigit.

Das Künstlerpaar ist mit der Eröffnung des mediterranen Restaurants sesshaft geworden und serviert jetzt türkische Klassiker neben modernen Varianten der mediterranen Küche. Berühmt ist die Auswahl an delikaten hausgemachten Pasten, gerne bestellt für ein ausgiebiges Frühstück oder als Vorspeise für ein Essen mit Freunden. Çigdem Yigit spürt alte Familienrezepte wieder auf und stöbert auf Reisen und in Kochbüchern nach neuen Gerichten, mit denen sie die Speisekarte bereichern kann. Egal ob morgens, mittags oder abends – in der herzlichen Atmosphäre vom Meyan lässt es sich besonders gut genießen.

Pistazien-Schafskäse-Paste

600 g Schafskäse
½ Pck. Pistazien, geschält
50 g Walnüsse
5 EL Olivenöl
1 kleine Knoblauchzehe
Dill, Thymian

Dattel-Chili-Paste

15 Datteln, entkernt
1 ½ Pck. Frischkäse
½ – 1 EL scharfes Chilipulver
1 EL Joghurt
½ Chilischote (ohne Kerne)

Oliven-Paste

½ handvoll schwarze,
kernlose Oliven
300 g Weichkäse
1 EL Quark
½ Knoblauchzehe
1 Prise getrocknete Minze
1 EL Olivenöl

Sultans-Paste

10 getrocknete Feigen
50 g Walnüsse
400 g Ziegenkäse
1 EL Joghurt
1 EL Honig

Meyan

Mediterrane Feinkost

Ali Yigit

Çigdem Yigit

THE MEAT – Fleisch-Marinade

2	große Gemüsezwiebeln
4 EL	Olivenöl
6 EL	Tomatenmark
2 TL	Pul Biber (Paprikaflocken)
½ TL	Kreuzkümmel
2 EL	Senf, mittelscharf
4 EL	Honig
6 EL	Essig
¼ L	Fleischbrühe
je 1	Zweig Rosmarin & Thymian
3	Knoblauchzehen

Salz, frischer Pfeffer

Die Zwiebeln fein würfeln und im Öl anbraten. Tomatenmark und Pul Biber dazugeben und kurz durchrösten. Den Topf vom Feuer ziehen mit Fleischbrühe ablöschen. Restliche Zutaten hineingeben, abkühlen lassen und das Fleisch ca. 8 Std. darin marinieren.

Die Marinade reicht für ca. 2 kg Fleisch.

THE MEAT
BBQ House

Bahar Karadeniz

Volkan Karadeniz

Ein Traum wird wahr

Es zischt, es brutzelt, es schmeckt und es macht Spaß! Im brandneuen BBQ House „THE MEAT" in Charlottenburg dreht sich alles um frisch gegrilltes Fleisch, und zwar direkt am Tisch!

Denn jeder Gast im elegant eingerichteten Restaurant mit dem nicht alltäglichen Konzept sitzt direkt am Ort des Geschehens: dem Grill. Die höchst modernen Geräte sind in den Tischen eingelassen und werden von einer kupfernen Abzugshaube geradezu gekrönt. Rind, Lamm oder Hähnchen kommen von einem Fleischermeister appetitlich portioniert zu den Gästen, damit diese nach Lust und Laune und komplett wetterunabhängig grillen können. Das Ehepaar Karadeniz hat das Konzept auf einer ihrer Reisen kennengelernt und nach Berlin gebracht.

Mit der Eröffnung von „THE MEAT" haben sich Bahar und Volkan Karadeniz einen Traum erfüllt und einen besonderen Ort des Fleischgenusses geschaffen. Der Clou für Stammgäste: Ein eigens graviertes Fleischmesser mit Holzgriff erwartet sie bei jedem Besuch. Let's grill!

Tisk

Speisekneipe

Fine Kneiping

Tisk heißt Tisch. Auf Altdeutsch. Aber alt geht es im Tisk nicht zu, nur deutsch. Moderndeutsch. Denn die Berliner Jungs Kristof Mulack und Martin Müller gehen dem Geschmack ihrer Kindheit nach und servieren Broiler, Tote Oma und Rote Grütze. Natürlich die Version 2.0, gekocht aus regionalen Zutaten und versehen mit einem modern lässigen Augenzwinkern. So wird der Broiler auf Heu serviert und in der Roten Grütze ist auch Rote Bete.

Der Autodidakt Kristof Mulack hat sich als Gewinner von „The Taste" und Initiator von zahlreichen Supper Clubs einen Namen gemacht. Seine Liebe zur Spreewaldgurke zieht sich wie ein roter Faden durch seinen kulinarischen Werdegang. Die kann er nun zusammen mit Profikoch Martin Müller, der bislang in Berlins Spitzengastronomie tätig war, in der offenen Küche vom Tisk ausleben.

Den Begriff Speisekneipe nehmen die beiden übrigens sehr ernst. Ihr Lokal befindet sich in den schlicht modern gehaltenen Räumen einer ehemaligen Berliner Eckkneipe in Neukölln und soll eine kulinarische Anlaufstelle für die ganze Nachbarschaft werden.

Holger Ewerding   Kristof Mulack   Martin Müller

Broiler, Mischjemüse, Kartoffelpü

4 Portionen

Broiler

1,4 kg	Huhn (Label Rouge)
100 g	Hühnerfett
1	Knoblauchzehe
20 g	Salz
3 g	Paprikapulver

Soße

100 g	Pilze
50 g	Schalotten
1	Knoblauchzehe
100 ml	Gemüsefond (mit Shitake)
50 ml	Sahne
10 g	Mehlschwitze

Kartoffelpü

500 g	Kartoffeln, mehligkochend
100 g	Sahne
100 g	Butter
4 g	Meersalz
1 Prise	Muskat

Mischjemüse

1 Pkg.	Erbsen TK
1 Bund	Karotten
200 g	Sahne
	Butter

Broiler

Hühnerfett und Knoblauch mixen und das Huhn damit einreiben. Mit Salz und Paprika würzen, in den vorgeheizten Ofen geben und in folgenden Schritten garen: 15 Min. bei 250 ° C, dann 8 Min. bei 200 ° C und zum Schluss noch 10 Min. bei 100 ° C.

Soße

Pilze und Schalotten klein schneiden und anbraten. Mehlschwitze dazugeben und kurz mit anschwitzen. Mit Gemüsefond auffüllen und das Mehl für 15 Min. rauskochen. Zum Schluss mit Sahne verfeinern und alles pürieren.

Kartoffelpü

Kartoffeln schälen, weich kochen, abgießen und gut abdampfen lassen. Sahne und Butter zusammen aufkochen und warm stellen. Kartoffeln durch eine Presse drücken, mit der Sahne-Butter-Mischung, etwas Salz und Muskat vermengen und zum Schluss durch ein Sieb streichen.

Mischjemüse

Karotten schälen, in mundgerechte Stücke schneiden und kochen. Anschließend in Eiswasser abschrecken. Die TK Erbsen auftauen und mit den Karotten Stücken vermengen. Aus Sahne, Butter und Maggi eine Emulsion herstellen und darin das Mischjemüse warm ziehen.

Pink Pulled Duck Burger

4 Portionen

Erdnusssauce

1	Knoblauchzehe
1	kleine Zwiebel
2 TL	Öl
400 ml	Kokosmilch, ungesüßt
	Sojasauce
1	Limette, unbehandelt
	Sambal Oelek
3–4 EL	cremige Erdnussbutter
	Salz
	frisch gemahlener schwarzer Pfeffer

Burger

2	Karotten
4 EL	Ponzu-Sauce
2 EL	Erdnüsse, gehackt (geröstet und gesalzen)
2 EL	Koriander, gehackt
2 EL	Frühlingszwiebeln
1	kleine rote Chilischote, entkernt
4	Rote Bete Buns
2 EL	Butter
2 handvoll	Pflücksalat
600 g	Pulled Duck (gezupftes Entenfleisch aus der Keule)
8 EL	Erdnusssauce

Erdnusssauce

Die Knoblauchzehe und Zwiebel schälen, beides fein hacken. Dann das Öl in einem kleinen Topf erhitzen und die Würfel darin glasig dünsten. Mit Kokosmilch ablöschen.

Die Kokossauce mit der abgeriebenen Schale und dem frisch gepressten Saft der Limette sowie dem Sambal Oelek und Sojasauce abschmecken. Alles kurz einköcheln lassen, dann vom Herd nehmen und die Erdnussbutter hineinrühren. Mit Salz und Pfeffer abschmecken und ggf. pürieren.

Burger

Die Karotten in dünne Stifte schneiden und mind. 15 Min. in der Ponzu-Sauce marinieren. Erdnüsse, fein gehackten Koriander, in Ringe geschnittene Frühlingszwiebeln und gewürfelten Chili mischen. Die Brötchen halbieren, mit Butter bestreichen, dann leicht angrillen. Nun die Brötchen mit Salat belegen, dann Pulled Duck und einen großen Klecks der Erdnusssauce oben draufgeben, zum Schluss das Koriander-Topping aufstreuen.

Fabelhafte Burger

Die Burger von der Foodtruckerin sind bunt, fröhlich und unbekümmert. Nur eines sind sie nicht: langweilig!

Felicitas Then ist seit ihrem Titelsieg bei „The Taste" unermüdlich in der kulinarischen Welt unterwegs. Als ihr der nostalgische DDR-Anhänger mit seinen runden Kurven und der sympathischen Ausstrahlung angeboten wurden, war es um sie geschehen. Liebevoll hat sie ihn restauriert und ist seitdem nicht nur in ihrer Foodshow im TV mit ihm unterwegs. Auf Festivals und Streetfood-Märkten serviert sie ihre poppigen Burger, die sie immer wieder neu erfindet. Denn klassische Burger waren gestern! Getreu ihrem Motto „Pink my bite" färbt sie ihre Burgerbrötchen ganz natürlich mit Roter Beete in ein kräftiges Pink und lässt ihrer Fantasie freien Lauf. Mit saftiger Ente, pikantem Lamm, oder deftigem Eisbein werden so daraus die vielleicht schönsten Burger der Stadt.

Felicitas Then

Foodtruckerin

Bekarei

Bäckerei

Paula Gouveia

George Andreadis

Süßer Charme

Wie im Urlaub kann man sich in der Bekarei fühlen. Urlaub in einem Land, in dem die Zeit ein bisschen stehen geblieben ist. Die Menschen sind freundlich und die Tische aus Resopal. Urlaub in einem Land, in dem der Tag mit einem unfassbar guten Pastel de Nata beginnt. Wie in Portugal. Oder man gönnt sich zwischendurch eine Tiropitakia. Wie in Griechenland.

Immer in dem Bewusstsein, dass alles, was man bestellt, mit Liebe handgemacht ist. Die Portugiesin Paula Gouveia und ihr griechischer Mann George Andreadis haben vor über 10 Jahren eine Bäckerei mit original DDR-Ausstattung am Prenzlauer Berg übernommen. Die Lehrerin und der Mediengestalter hatten sich in das Interieur verguckt, vom Bäckerei-Business hatten sie keine Ahnung. Aber einen Sinn für Qualität, für guten Geschmack und für Gastfreundschaft.

Nach und nach haben sich die beiden mit immer konsequenterer Hinwendung zum echten Bäckerhandwerk und der Spezialisierung auf portugiesisches und griechisches Gebäck eine echte Nische und viele, viele Fans in Berlin erobert.

Pastel de Nata

12 Portionen

300 g	Blätterteig
500 ml	Milch
300 g	Zucker
20 g	Mehl (Typ 405)
1 MSP	Bourbon-Vanille
4	Eigelb
1 Prise	Zimt

Den Blätterteig in einzelnen Scheiben aufeinanderlegen und zusammen zu einem Rechteck von etwa 40 x 20 cm ausrollen. Den Teig von der kurzen Seiten her zu einer Schnecke aufrollen. Die Rolle im Tiefkühlfach kalt stellen, bis sie sehr fest, aber nicht gefroren ist.
Die Teigrolle dann in ca. 1 cm dicke Scheiben schneiden und kleine Förmchen mit den Teigscheiben auslegen. Als Förmchen sind z.B. sogenannte „Custard Tart"-Förmchen, aus Weißblech oder besser: aus Aluminium, geeignet.

Die Milch in einem Topf zum Kochen bringen. Wenn die Milch kocht, das mit Zucker und Vanille gemischte Mehl dazugeben und dabei kräftig rühren. Kurz aufkochen lassen, vom Herd nehmen und etwas abkühlen lassen. Die Eigelbe dazugeben und rühren, bis es bindet.

Die Creme in die Förmchen füllen und im vorgeheizten Ofen bei 225 – 250 ° C (Umluft) für 8 – 10 Min. backen. Die Zeit sollte nicht überschritten werden, da die Füllung sonst evtl. überläuft. Die Pastéis sollen an der Oberseite goldbraun werden. Aus der Form rausholen, solange sie noch warm sind (nicht heiß), damit sie schön knusprig bleiben. Direkt vor dem Essen mit etwas Zimt bestreuen.

Heinz Gindullis

Cookie

Vom Kult zum Stern

Seine erste Bar war im Keller und hatte eine tropfende Decke. Mittlerweile ist Heinz Gindullis eine Legende des Berliner Nachtlebens und ein erfolgreicher Gastronom. Seit Kurzem blinkt auch ein Michelin-Stern am Himmel über seinem kulinarischen Reich.

Zwanzig Jahre Berliner Partygeschichte hat er mit seinem Club „Cookies" geschrieben. Dienstags und donnerstags tanzte die Hauptstadt in den über die Jahre wechselnden Locations, spektakulären Orten, geheimnisvoll und schwer zu finden.

Als Heinz Gindullis vor zehn Jahren das Restaurant „Cookies Cream" mit einem dezidiert vegetarischen Menü eröffnete, gab es noch viele Skeptiker. Jetzt hängt der verdiente Stern an der Tür. Das Nachtleben hat er inzwischen an den Nagel gehängt. „Irgendwann war einfach Schluss", bekennt er. Statt des Clubs gibt es jetzt das „Crackers", Bar und Restaurant in einem. Die Party-Crowd ist ihm treu geblieben.

Schließlich ist Essen das neue Feiern.

Im einsunternull wird vieles anders gemacht. Der elegante Gastraum befindet sich im Keller und wird per Lift erreicht. In seiner Mitte liegt ein minimalistischer Garten in einem rundherum verglasten Lichthof. Die Klarheit der Inszenierung erinnert an Japan. Auch auf dem Teller steht das Streben nach Harmonie im Vordergrund. Kopf und Gaumen. Denken und Schmecken. Sommelier Ivo Ebert und Küchenchef Andreas Rieger haben schon einige gemeinsame Schritte auf dem höchsten Niveau der Berliner Gastronomie getan, bevor sie sich entschlossen haben, ein gemeinsames Restaurant zu eröffnen.

Die herzlichen Gastgeber betrachten sich als Teil der internationalen kulinarischen Bewegung, der vor allem der bewusste Umgang mit regionalen Produkten am Herzen liegt. Dem Team genügte es nicht, bei null anzufangen, sondern man wollte eben unter null gehen und alles hinterfragen und überdenken, vom Produzenten bis zum Erlebnis beim Gast. Da ist es kein Wunder, dass der Weinkeller im einsunternull auch ein Vorratskeller ist. Naturweine lagern neben eingemachtem Obst oder fermentiertem Gemüse, bevor alles perfekt abgestimmt zum Gast gelangt. Harmonie von Anfang an.

einsunternull

Sterne-Restaurant

Ivo Ebert

Andreas Rieger

Sonnenblumenkerne, Topinambur und Meerrettich

4 Portionen

Gequollene Sonnenblumenkerne

100 g	Sonnenblumenkerne
100 ml	Wasser

Sonnenblumenkernöltrubemulsion

200 ml	Milch, laktosefrei
6,2 g	Vollsalz
200 g	Sonnenblumenkernöltrub

Topinambursaft

500 g	Topinambur

Sonnenblumenkerne

50 g	Sonnenblumenkernöl-trubemulsion
12 g	Topinambursaft
7 g	Spargelwasser von fermentiertem Spargel
30 g	gequollene Sonnenblumenkerne

Topinamburschale

kleine bis mittlere Topinambur

1 l	Rapsöl zum Frittieren

Vollsalz

Gequollene Sonnenblumenkerne

Die Kerne unter kaltem Wasser klarspülen, mit dem Trinkwasser voll vakuumieren und kalt stellen. Die Kerne nach 24 Std. aus dem Beutel nehmen und nochmals klarspülen.

Sonnenblumenkernöltrubemulsion

Die Milch und das Salz in einen Messbecher geben und mit einem Mixstab den Trub langsam emulgieren. Durch ein sehr feines Sieb passieren und kühl lagern.

Topinambursaft

Die Topinambur putzen, waschen und im Ganzen entsaften. Langsam erhitzen, ab 80 ° C nochmals sauber degraissieren. Den klaren Saft ggf. für restliche Partikel durch einen Superbag geben.

Sonnenblumenkerne

Die Emulsion mit den Kernen vorsichtig in einem Topf erhitzen, mit Topinambursaft, Spargelwasser und Salz würzen, einmal aufkochen.

Topinamburschale

Die Topinambur auf einem Blech bei 160 ° C Heißluft für 30 Min. garen (100 % Luftfeuchtigkeit / 60 % Gebläse). Noch warm halbieren, aushöhlen („Fleisch" aufbewahren) und bei 65 ° C für 30 Min. im Dörrautomat trocknen. Bei Bedarf in 190 ° C heißem Rapsöl knusprig ausbacken.

Schnittlauchpulver

Den Schnittlauch putzen, bei 40 ° C im Dehydrator vollständig trocknen, zu einem feinen Pulver mixen und sieben. Luftdicht, kühl und lichtgeschützt lagern.

Wilde Meerrettichwurzeln

Die Wurzeln von feinen Wurzelhaaren befreien, putzen, waschen und kurz vor dem Servieren in feine Scheiben schneiden.

Sonnenblumentriebblätter

Die fleischigen Blätter einzeln knapp unter ihrem Ansatz abschneiden und zwischen feuchtem Küchenpapier kalt lagern.

Schwarzbrot mit Honig

4 Portionen

Gesäuerter Honig

500 g	Honig
200 ml	Wasser
40 g	Roggenschrot, nur geröstet nicht karamellisiert

Schwarzbrot

40 g	Hefe, frisch
500 ml	Buttermilch
200 g	Rübensirup
15 g	Vollsalz
125 g	Weizenschrot, mittel
250 g	Roggenschrot, mittel
250 g	Weizenmehl, Typ 1050
125 g	Sonnenblumenkerne

Schwarzbrot „Rohteig"

130 g	Schwarzbrotpulver
50 g	Butter, gesalzen, 20 °C

Sonnenblumenkernpüree

500 g	Sonnenblumenkerne

Sauerteigsorbet

250 g	Sonnenblumenkernpüree
60 g	Rübenzucker
6 g	Pektin
700 ml	Wasser
150 g	Sauerteig
160 g	Glukosesirup
150 g	Sauerteig
200 ml	Buttermilch

Butterschaum

250 g	Butter
200 ml	Milch, laktosefrei
20 g	Eigelb
25 g	Honig
15 g	Roggenmehl
3,7 g	Vollsalz

Gesäuerter Honig

Das Wasser auf 60 °C erwärmen. Den Honig mit dem Wasser vermengen, glatt-rühren, den Roggenschrot unterheben. Das Ganze in ein Drahtbügelglas füllen und mit einem Tuch abdecken, 4 Tage lichtgeschützt bei 20 °C lagern und täglich einmal vorsichtig schwenken. Die Gläser jetzt mit Gummidichtungen verschließen und für weitere 4 Wochen weitergären lassen. Den „Met" durch ein Haarsieb passieren und langsam bei mittlerer Hitze auf 500 g reduzieren.

Schwarzbrot

Die Hefe in 100 g Buttermilch lösen, mit Buttermilch, Sirup und Salz verrühren. Das Mehl mit dem Schrot und den Kernen vermengen und mit der Flüssigkeit zu einem Brei vermengen und 30 Min. ruhen lassen. Eine Form mit etwas Butter fetten und mit Weizenmehl mehlieren. Den Teig nochmals durchheben und in den Einsatz füllen, im vorgeheizten Ofen bei 150 °C Heißluft (100 % Luftfeuchtigkeit / 20 % Ge-bläse) für 180 Min. backen. Das Brot in der Form auskühlen lassen, stürzen. Das Brot in Scheiben schneiden und bei 50 °C im Dehydrator vollständig trocknen zu einem feinen Staub mixen und sieben.

Schwarzbrot „Rohteig"

Das Brotpulver mit der Butter zu einer homogenen Masse vermengen und zwi-schen zwei Backmatten geben, gleichmäßig flach ausrollen, erkalten lassen. Die obere Matte vorsichtig abziehen, so dass sich eine raue Oberfläche ergibt, 11 cm Kreise vorstanzen, frieren. Die Scheiben mit der glatten Seite auf Silikon Erhöhun-gen legen, sich unter der Wärmelampe legen lassen und wieder frieren, vorsichtig das Silikon nach Innen rollen und so die Hauben lösen. Luftdicht und gefroren la-gern.

Sonnenblumenkernpüree

Die Kerne einmal mit kaltem Wasser spülen, abtropfen und im PacoJet mit der Schneideklinge zerkleinern frieren, dreimal pacosieren und durch ein feines Far-cesieb streichen.

Sauerteigsorbet

Zucker mit dem Pektin vermengen und in das Wasser rühren, zusammen mit den Kernen für 1 Min. kochen, den ersten Sauerteig einrühren und nochmals aufko-chen, den Glukosesirup darin lösen und auf 50 °C abkühlen lassen. Den zweiten Sauerteig und die Buttermilch dazu geben und im Standmixer pürieren, auf drei PacoJet Dosen verteilen, frieren. Bedarf pacosieren und 1 cm stark auf eine gefro-rene Silpad Matte geben, frieren, mit einem 8 cm Ring ausstechen, frieren.

Butterschaum

Die Butter in einem Topf verflüssigen. Milch, Eigelb, Honig und Mehl verrühren und unter Rühren einmal durchkochen, sofort in einen Messbecher geben und mit ei-nem Stabmixer die flüssige Butter montieren, salzen. Die Masse durch ein Haarsieb in einen 500 ml Siphon geben und mit zwei N_2O Kapseln begasen, kräftig schüt-teln, bei 58 °C warm stellen.

Gerösteter Roggenschrot

ca. 200 g	Roggenschrot, mittel
5 g	Rübensirup
70 ml	Wasser

Braune Butter

250 g	Süßrahmbutter

Finish

Blütenpollen, von Bienen gesammelt

Gerösteter Roggenschrot

Den Roggenschrot mit einem grobmaschigen Sieb von kleinerem Schrot trennen (für Schwarzbrot verwenden). Den groben Schrot in einem Topf bei höchster Stufe unter ständiger Bewegung braun rösten und sofort auf ein flaches Blech geben. Den Rübensirup im Wasser lösen und mit 95 g geröstetem Schrot vermengen. Den nassen Schrot auf ein Blech mit Backmatte geben und bei 150 °C Heißluft (0 % Luftfeuchtigkeit / 20 % Gebläse) für 55 Min. trocken rösten, auskühlen.

Braune Butter

Die Butter unter permanentem Rühren mit einem Rührbesen zu dunkler brauner Butter kochen.

Mimi Ferments

Fermentationslabor

Markus Shimizu

Fermentation Celebration

Schimmel im Keller ist für die meisten Menschen eine nicht so schöne Entdeckung. Markus Shimizu denkt da etwas anders. Im Keller seines Labors ist Schimmel erwünscht. Natürlich nur ganz bestimmter Schimmel, nämlich der der Gattung Aspergillus oryzae. Die Japaner nennen ihn Koji, fermentieren mit ihm Reis und verwenden ihn seit Jahrhunderten in ihrer Küche. Mit seiner Hilfe stellen sie die Würzpasten und Saucen aus Sojabohnen und Getreide her, für die ihre Küche weltberühmt ist: Miso und Shoyu.

Markus Shimizu stammt aus Japan und beschäftigt sich schon seit über zehn Jahren mit dem Thema Fermentation. Wenn jemand weiß, wie man mit Sojapasten und Sojasaucen das sagenumwobene Umami, den fünften Geschmack, aus Fisch, Fleisch und Gemüse hervorkitzelt, dann ist das er. Was als Küchenhobby begann, hat kürzlich zur Eröffnung von Berlins erstem japanischen Fermentationslabor geführt. Sterneköche und Feinkostläden reißen sich um handwerklich hergestelltes und lange gereiftes Miso und Shoyu. Schimmel erwünscht!

Awase Miso

Sojabohnen waschen und einen Tag einweichen. 5 Std. dämpfen oder so lange, bis sie sich zwischen Daumen und kleinem Finger leicht zerdrücken lassen.
Sojabohnen mit einem Stampfer zerdrücken oder durch einen Fleischwolf drehen, mit Reis-Koji, Vollkorn-Reis-Koji, Gersten-Koji und Salz mischen. Die Masse in Bälle formen, in einen Sauerkrauttopf werfen, gut andrücken, damit keine Luftblasen bleiben, die Oberfläche glätten und die Ränder säubern. Ein Stück Stoff mit einem guten Korn tränken und damit die Oberfläche schließen. Den Sauerkrauttopf mit einem Deckel oder Plastikfolie verschließen. 1 Jahr warten.

Fröhliches Gemüse

Berlin gilt als die Vegetarier-freundlichste Stadt Deutschlands. Für Menschen ohne Lust auf Fleisch bietet sie von Fine Dining bis zum Streetfood viele Möglichkeiten, essen zu gehen. Auch Berlins umtriebigster Gastronom The Duc Ngo hat jüngst seinem wachsenden Gastronomieimperium ein Gemüse-basiertes Restaurant hinzugefügt. Im TOKI – the white rabbit geht es nicht um Verzicht, sondern um Genuss. Um megastylishen Genuss.

Der clean designte Laden ist einladend und hell. Die Gerichte auf dem Teller sind eine Freude für Augen und Gaumen. Das unbekümmerte Konzept vereint das Beste aus der Gemüseküche aller Länder in wohlschmeckenden Arrangements auf Tellern und natürlich in Bowls. Ein Avocado-Brot fehlt genauso wenig auf der Karte wie ein Portobello Schnitzel oder ein gut gewürzter, im Ofen gebackener Blumenkohl. Wer selbst kulinarisch kreativ sein möchte, stellt sich seine Bowl selber zusammen. Und das Foto für Instagram nicht vergessen!

TOKI — the white rabbit

Vegetarisches Restaurant

Hokkaido-Kürbis Pakora

4 Portionen

Kürbis

1	Hokkaido-Kürbis
4	Avocado

Curry-Dip

6 g	Curry Madras
20 g	Dijon-Senf
100 g	Soja-Joghurt
1 Prise	Salz

Pakora-Teig

100 g	Kichererbsenmehl
1 Prise	Cayenne-Pfeffer
¼ TL	11 spices from Benin (West Afrika)
¼ TL	Salz
120 ml	Wasser

Den Kürbis ungeschält in dünne Scheiben schneiden. Die Avocado in zwei Hälften schneiden, entkernen und vorsichtig die Haut ablösen.

Zur Herstellung des Dips und des Pakora-Teigs alle aufgeführten Zutaten miteinander vermischen.

Den Kürbis im Kirchererbsenmehl ummanteln, durch den Pakora-Teig ziehen und im Pflanzenöl bei 160 ° C knusprig frittieren. Den Curry-Dip in die Avocado einfüllen und mit Sesam bestreuen.

Als Beilage passt Salat mit Salz, Pfeffer, Olivenöl sowie einem Hauch von frischem Zitronensaft.

Schnell ist hier auch gut

Wenn sich jemand aus der schnelllebigen Tech-Branche mit dem einst jüngsten Sternekoch Deutschlands zusammentut und über ein Restaurant nachdenkt, in dem es schnelle, gesunde und gut schmeckende Gerichte geben soll, dann kommt das beets & roots heraus.

Hier gibt es unkomplizierte Gerichte in Form von Bowls, Salaten und Wraps, die bis ins letzte Detail ihrer Komposition durchdacht sind, und zwar geschmacklich (denn schließlich steckt ja ein Sternekoch dahinter) und auch in der Zubereitung (denn schließlich soll es morgens, mittags und abends schnell gehen). Für die strategische Ausrichtung sorgt Maximilian Kochen. Die Kreationen von Andreas Tuffentsammer treffen zielsicher das kulinarische Herz aller Gäste, die sich leicht und vorwiegend vegetarisch bis vegan ernähren wollen. Nomen est omen! Die mediterranen, orientalischen, südamerikanischen und asiatischen Komponenten sorgen für Abwechslung und gesunde Getränke runden das Angebot ab.
Zwei Filialen in Mitte gibt es schon, die dritte eröffnet im Sommer am Hamburger Gänsemarkt, Tendenz steigend!

beets & roots

Fast-Casual Restaurant

Aiofe

Andreas

Nina

Meghan

Chris

Lisa

Protein Bowl

4 Portionen

Quinoa
240 g	Quinoa, weiß
80 g	Quinoa, rot
360 g	Kichererbsen, gekocht

Zimt , Kreuzkümmel, Salz, Reisessig

Edamame-Erbsen-Salat
200 g	Edamame
200 g	Erbsen
4 EL	Sesamöl
4 EL	Sesam
Salz	

Brokkoli
400 g	Brokkoli
4 g	frische Pepperoni
20 g	Reisessig
1 Prise	Salz
1 TL	Agavensirup

Butternuss-Kürbis
400 g	Butternuss-Kürbis, gewürfelt
2 TL	Agavensirup
4 EL	Olivenöl

Salz, Zimt, Schwarzkümmel

Rote Bete-Salat
400 g	Rote Bete
2 – 3	Orangen
4 EL	Reisessig

Zitronendressing
2 – 3	Zitronen
4 EL	Olivenöl
2 EL	Agavensirup
Salz	

Topping
frische Minze
Mandeln

Quinoa
Den Quinoa im kochenden Salzwasser bissfest kochen. Mit den Kichererbsen mischen und mit den Gewürzen, Salz und Essig abschmecken.

Edamame-Erbsen-Salat
Die Edamame 2 Min. in kochendem Salzwasser garen und sofort in Eiswasser abschrecken. Die Erbsen 1 Min. garen und ebenso abschrecken. Danach mit Sesamöl, Sesam und Salz abschmecken.

Brokkoli
Den Brokkoli in Röschen schneiden und ca. 3 Min. in Wasser kochen, danach in altem Wasser abschrecken. Die restlichen Zutaten im Mixer pürieren und den Brokkoli damit marinieren.

Butternuss-Kürbis
Den Kürbis mit den Gewürzen marinieren und im Ofen bei 200 ° C weich garen.

Rote Bete-Salat
Die Bete in feine Scheiben schneiden und mit den restlichen Zutaten marinieren.

Zitronendressing
Die Zeste der Zitrone abreiben, danach auspressen. Mit den restlichen Zutaten mixen und bei Bedarf mit etwas Wasser verdünnen, um die Säure zu regulieren.

Das Gemüse im Kreis in der Bowl anrichten, den Kürbis obenauf. Das Zitronendressing über alles träufeln und mit Minze und Mandeln garnieren.

Fräulein Kimchi

Korean Streetfood

Lauren Lee

Fräulein Kimchi
Kimchinale

Bulgogi VEGAN!
"Beefy" Bowl
Reisschale mit Kimchi, 7€
Bulgogi Soja-fleisch,
Oi-muchim, grüner Salat +
scharfer ssamjang Soße

Vegan Bopstop
Reisschale mit Kimchi, 7€
Oi-muchim grüner Salat,
scharfer Ssamjang Sauce mit
Knusprige Bio Tofu

— EXTRA —
· Bio-Spiegelei 1 €
· Kimchi 2€ · Shot of Soju 2€
· Koreanische Gurken 2€

KOREAN SAKE
Soju
shot!! 2€
makes Cold awa...

Drinks
Beer   3.⁵⁰ Pfand
Lemon-Aid   3.⁵⁰ Pfand
  Lime, Maracuja
Chari-Tea   3.⁵⁰ Pfand
  Maribor
Hot Korean Ginger Tea
Shot of Soju 2.⁵⁰ Pfand
+ Pfand .50€

VIVA LA KIMCHI
Long may it ferment!

Alles Kimchi hier!

In grauer Vorzeit, als in Berlin noch niemand wusste, was Menschen in Korea essen, geschweige denn, was Kimchi ist, beschloss eine junge Amerikanerin mit koreanischen Wurzeln, Licht in dieses kulinarische Dunkel zu bringen. Mutig zog sie ein Dirndl an, denn schließlich war sie Amerikanerin und verstand etwas von Marketing, flocht sich zwei Zöpfe und stellte sich an den Mauerpark, um skeptischen Berlinern Kimchi zu verkaufen.

Jahre später kann sie lächelnd auf diese Anfangszeit zurückblicken, denn Lauren Lee aka Fräulein Kimchi ist mittlerweile eine etablierte Größe in der Berliner Streetfood-Szene. Ihre Küche hat sie weiterentwickelt, ihren fröhlich unkomplizierten Stil behält sie immer bei, egal ob bei Burger, Nachos, Tacos oder Bowls. Kimchi, das scharf fermentierte Kraut, ist immer mit von der Partie und mittlerweile ist die koreanische Küche in Berlin so beliebt, dass Lauren Lee kaum noch etwas erklären muss. Mit ihrem blauen Truck steht sie auf Festivals und Märkten in ganz Deutschland und das Catering-Geschäft brummt ebenfalls. Berlin loves Kimchi!

Kimchi-Käsespätzle

4 Portionen

5	Eier
200 ml	Sprudelwasser
500 g	Mehl
Salz	
4	Zwiebeln
½ TL	Salz
100 g	Speck
Kimchi	nach Belieben ("gereift" karamellisiert*)
200 g	Emmentaler, gerieben
1 Bd.	Frühlingszwiebeln
Speiseöl	

Die Eier mit Wasser mischen, Salz und Mehl dazugeben. Die Zutaten für einige Minuten zu einem geschmeidigen Teig verrühren und 10 Min. stehen lassen.

Den Teig nochmals verrühren und Mehl oder Wasser hinzufügen, um die richtige Konsistenz zu erreichen und einen leicht sämigen Teig zu bekommen. Am Ende sollte die Masse etwas dicker als ein Pfannkuchenteig sein.

Wasser in einem großen Topf zum Kochen bringen. Das Spätzlebrett am oberen Rand des Kochtopfes befestigen und etwas Teig mit dem Löffel auf das Brett geben. Den Schaber vor und zurück bewegen, bis kleine Stücke vom Teig ins Wasser fallen. Diese 1–2 Min. kochen lassen, mit einem Schaumlöffel herausnehmen und in einem Sieb abtropfen lassen, während man die restlichen Spätzle zubereitet.

1–2 EL Öl in der Pfanne erhitzen, fein geschnittene Zwiebeln und Salz hinzufügen, bei mittlerer Hitze karamellisieren lassen und aus der Pfanne nehmen. In derselben Pfanne den Speck 1–2 Min. braten und den Kimchi hinzugeben. Den Kimchi so lange garen, bis er leicht karamellisiert.

Die Nudeln mit dem Käse sowie Kimchi und Zwiebeln in einer Auflaufform in Schichten übereinanderlegen. Mit einer Schicht aus karamellisiertem Kimchi, Zwiebeln und dünn geschnittenen Frühlingszwiebeln abschließen und 20–30 Min. bei 175 ° C im Backofen garen.

* Unbedingt beachten: fermentierten Kimchi für dieses Gericht verwenden. Der Kimchi sollte säuerlich schmecken. Neuer, unfermentierter Kimchi hat nicht den gewünschten Geschmack, wenn man ihn kocht.

Haferkater

Porridge

Bärenkater

4 Portionen

100 g	kernige Haferflocken
100 g	zarte Haferflocken
800 ml	Wasser
4 g	Salz
30 g	Gojibeeren
30 g	Maulbeeren
30 g	Cranberries
2 – 3	Bananen
Honig	
2 TL	Chiasamen

Haferflocken mischen und in einem Topf 2 Min. lang leicht anrösten. Kaltes Wasser und Salz dazugeben, verrühren und aufkochen lassen. Unter regelmäßigem Rühren leicht köcheln lassen, bis die Konsistenz etwas flüssiger ist als gewollt. Von der Herdplatte nehmen und bei geschlossenem Deckel 5 Min. ziehen lassen.

Porridge auf vier Schüsseln aufteilen, Bananen schneiden und darüber verteilen. Mit den Beeren garnieren, pro Portion ca. 10 g Honig darüberträufeln. Als letztes kommen die Chiasamen – guten Appetit!

Tonnenweise Hafer

Porridge wie in Schottland, das gab es in Berlin bis vor wenigen Jahren nicht. Frisch gequetschter Hafer, liebevoll geröstete Flocken, die nur mit Wasser und ein wenig Salz cremig gekocht werden und dann noch einmal quellen dürfen, das ist das Herzstück des Erfolges von Haferkater.

Ganz schön lange hat das Gründungsteam experimentiert, bis das Rezept alle überzeugt hat. Die leckeren süßen oder herzhaften Toppings zu finden, die einen Haferkaterbowl nicht nur zum perfekten Frühstück, sondern immer zu einer perfekten Mahlzeit machen, war da viel einfacher. Ob ihnen der Hafer so viel Energie gibt? Denn Anna Schubert, Leandro Burguete und Levin Siert sind so etwas wie die Shooting Stars der Berliner Gründungsszene. Klein haben sie angefangen in einer umgebauten Dönerbude in Friedrichshain und dann schnell nicht nur die Berliner mit dem Porridge überzeugt, sondern auch die Preisrichter beim Gastro-Gründerpreis. Das verhalf zum Durchbruch und nun schnurrt der Haferkater nicht nur in drei Cafés in Berlin, sondern auch schon in Köln.

Levin Siert

Leandro Burguete

Anna Schubert

Markthalle Neun

Food Pioniere

Wer träumt, gewinnt

Wie hätte sich Berlins Food-Szene entwickelt, wenn es die Markthalle Neun nicht gäbe? Schwer zu sagen. Sicher ist, dass sich die gastronomische Hauptstadt Deutschlands seit der Eröffnung ihres kulinarischen Epizentrums im Jahr 2011 ganz wesentlich von den Impulsen nährt, die aus dieser Markthalle gesendet werden. Das Phänomen in Gang gesetzt haben Nikolaus Driessen, Florian Niedermeier und Bernd Maier und wie so oft im Leben fing alles mit einem Traum an: nämlich der Rettung der historischen Markthalle vor einem Schicksal als Supermarktzentrum und ihrer Wiederbelebung als bunter Marktplatz und Ort der Lebensmittelproduktion.

Nikolaus Driessen
Florian Niedermeier
Bernd Maier

Markthallenbetreiber

Keine Frage, dass ihnen das gelungen ist, auch wenn der Anfang nicht leicht und der Gegenwind manchmal überraschend heftig war. Während sich der Wochenmarkt nach und nach weiterentwickelt, haben die Themenmärkte rund um Naschwerk, Streetfood, Käse, Wurst & Bier, Frühstück u.v.m. sowie das zweijährig stattfindende „Stadt Land Food Festival" die Gaumen von Berlinern und Berlinbesuchern im Sturm erobert.

Besonders stolz sind die drei Betreiber auf die handwerklich arbeitenden Lebensmittelproduzenten, die direkt in der Halle in ihrem Umfeld, in Berlin und in Brandenburg neu gegründet wurden: Bäckereien, Metzgereien, Käsereien, Gärtnereien und Fischzuchtbetriebe produzieren in der Halle selbst oder verkaufen dort ihre Erzeugnisse. Wirklich eine Halle für alle!

Nobelhart & Schmutzig

Speiselokal

Das Staunen der Gäste

Geklingelt wird an einer stinknormalen Ladentür am nicht ganz so noblen Ende der Friedrichstraße. Das verhangene Schaufenster hat ein bisschen was von Beerdigungsinstitut. Tatsächlich kann man im Nobelhart & Schmutzig auch etwas zu Grabe tragen. Nämlich den Irrglauben, aus streng lokalen Zutaten könne man kein Menü kochen, das selbst hartgesotten konservativen Gourmets ein Lächeln entlockt.

Micha Schäfer kann das und noch viel mehr. Er ist ein Zauberer des Purismus, der einer Möhre ihre geschmackliche Essenz entlocken kann, sodass man denkt, man habe vorher noch nie eine gute Möhre gegessen. Was auch stimmen kann, denn Micha Schäfer sucht sich seine Zulieferer ganz genau aus. Nur die besten Produzenten und Landwirte aus der Region schaffen es, ihre Erzeugnisse auf der Theke im Gastraum vom Nobelhart & Schmutzig zu platzieren.

An dieser Theke sitzt der Gast und hat dabei direkten Kontakt zur offenen Küche. Das ist Teil der brutal lokalen kulinarischen Inszenierung von Küchenchef Micha Schäfer und Wirt Billy Wagner, die beide das Staunen der Gäste gekonnt begleiten.

Micha Schäfer

Gerstenmalz, Rückenspeck, Thymian

4 Portionen

Gerstenmalz
100 g   Pilsner Malz
50 ml   Müller-Thurgau von Luckert
200 ml Wasser
1 Fl.   Thirsty Lady von Heidenpeters
         (Blonde Ale)
50 g   Sauerrahmbutter

Rückenspeck
500 g   Rückenspeck vom Potsdamer
         Sauenhain
frischer Thymian (Domäne Dahlem)

Gerstenmalz
Das Gerstenmalz wird entspelzt und mit Wasser, Weißwein, Salz und Butter gekocht. Am Schluss mit etwas Thirsty Lady abschmecken.

Rückenspeck vom Schwein
Der Rückenspeck wurde mit Salz eingerieben und über ein halbes Jahr in den Fleischreifeschrank gehängt.

Anrichten
Einen vollen Esslöffel von dem Gerstenmalz in die Schale geben. Etwas frischen Thymian und ein paar hauchdünne Scheiben von dem Speck darauf.

Das Gericht lebt von der Qualität der Zutaten. Der Bauchspeck wird nur gut, wenn das Schwein gut ernährt wurde und gesund war. Gerade nach einem halben Jahr Abhängen ist dies sehr deutlich.
Genauso verhält es sich mit allen anderen Zutaten. Es kommt natürlich nicht darauf an, genau diesen Wein zu verwenden, aber ein guter Weißwein sollte es eben sein. Das macht den Unterschied.

Torta Ahogada aus Jalisco/Mexiko

4 Portionen

Zwiebel
1 rote Zwiebel
Saft von 2 Limetten oder 1 Zitrone

Carnitas
500 g Schweinekamm
1 Orange
1 Zitrone
Lorbeer, Wacholderbeeren
Salz, Öl

Tomatensauce
500 g passierte Tomaten
2 TL Essig, Salz

4 Baguettebrötchen
400 g Bohnenmus
Koriander, Chili

Zwiebel
Die Zwiebel in Ringe schneiden und im Limetten- bzw. Zitronensaft ziehen lassen.

Carnitas
Orange und Zitrone auspressen und mit den Gewürzen in einem Topf (mit genügend Wasser um später den Schweinekamm zu bedecken) aufkochen.
Das Stück Schweinekamm mit Salz einreiben, von allen Seiten in Öl anbraten und in den Sud geben (falls notwendig: zusätzlich mit Wasser auffüllen, bis es bedeckt ist). Alles mindestsens eine Stunde auf niedriger Stufe köcheln lassen.
Dann das Fleisch herausnehmen und mit zwei Gabeln in Stücke zerteilen.

Tomatensauce
Alle Zutaten zusammen aufkochen und warm halten, bis das Fleisch fertig ist.

Zum Anrichten das Bohnenmus erwärmen, Brot aufschneiden und die Innenseiten toasten. Die untere Brothälfte mit Bohnenmus bestreichen, Fleisch daraufgeben und mit oberer Brothälfte bedecken. Brot auf einer Servier-Unterlage (Teller) platzieren und mit Tomatensauce begießen. Die marinierten Zwiebeln und nach Belieben kleingehackte Chilis und Korianderblätter darübergeben. Sofort servieren.

Fantastisches Brot

So oder so ähnlich könnte man den einprägsamen Namen aus dem Spanischen übersetzen, den Dirk Rüger seinem Streetfood-Business gegeben hat. Aber natürlich spielt nicht einfach irgendein Brot hier die Hauptrolle! Schließlich geht es bei seinen Kreationen um Gourmet Streetfood in bester lateinamerikanischer Tradition. Insbesondere an die Geschmacksexplosionen der mexikanischen Küche hat der Autodidakt sein kulinarisches Herz verloren, und zwar direkt vor Ort, bei einem Praktikum in einem der besten Restaurants Mexikos.

Mitgebracht hat er einen Kopf voller Erinnerungen, einzigartige Rezepte und die Vision, Teil von Berlins vibrierender Streetfood-Szene zu werden. Statt vor dem Computer zu sitzen, steht Dirk Rüger nun in der Küche und hinter seinem Stand und kreiert zur Freude seiner wachsenden Fan-Gemeinde Snacks wie brasilianische Hot Dogs, Tacos mit knusprigen Heuschrecken und scharfe mexikanische Sandwiches. Was ist sein Geheimnis? Er hat definitiv eine Passion für hausgemachte Moles und andere lateinamerikanische Saucen, die seinen fantastischen Broten einfach den richtigen Twist verleihen.

Dirk Rüger

pantástico
Streetfood

Dry Aged Classic Burger

4 Portionen

4		Kumpel & Keule Dry Aged Burgerpatties
4		Sironi Buns
12 Scheiben		Kumpel & Keule Bacon
4 Scheiben		Deichkäse
8 EL		Kumpel & Keule Burgersauce
4 Scheiben		Ochsenherztomate
6 EL		geschmolzene Butter
4 kleine Hände Feldsalat		

Buns

Die Buns halbieren und die Schnittflächen mit der flüssigen Butter bepinseln, diese anschließend goldbraun anrösten.

Patties

Die Patties bei sehr hoher Hitze auf beiden Seiten grillen, bis die Oberfläche karamellisiert ist und das Innere eine Kerntemperatur von 54 ° C aufweist. Nach dem Wenden die Käsescheiben auf die Patties legen.

Bacon

Die Baconscheiben von beiden Seiten kross braten und je drei auf den geschmolzenen Käse legen.

Anrichten

Die Bunhälften mit je einem Esslöffel Sauce bestreichen. Die oberen mit je einer Scheibe Tomate sowie ein wenig Feldsalat belegen. Auf die unteren zunächst Feldsalat und dann die Patties mit Käse und Bacon geben. Nun nur noch zusammenklappen und reinbeißen.

Die Rückkehr der Metzger

So ausführlich wie über Kumpel & Keule ist wohl noch nie über eine Metzgerei in Deutschland berichtet worden. Es war ja auch nicht irgendeine Eröffnung im November 2015. Seit über 40 Jahren war in Berlin keine Metzgerei mehr neu gebaut worden, der Trend ging bei handwerklich geführten Betrieben ja eher zur Schließung.

Und dann kamen Jörg Föstera und Hendrik Haase, haben den Beruf wieder sexy gemacht, ihm landesweit neues Leben eingehaucht und den Fleischern das zurückgegeben, was ihnen fehlte: Würde und Handwerk. Die Würde der Tiere wird durch artgerechte Aufzucht und schonende Tötung gewahrt. Die Würde der Metzger durch ein menschliches und nachhaltiges Berufsethos. Von dem Handwerk profitieren alle, nicht zuletzt der Kunde, der sich über kompetente Beratung und besondere Fleischqualität freuen kann. In der gläsernen Produktion zeigt eine neue Generation Metzger stolz, was sie können: Tiere zerlegen, Rouladen rollen, Würste machen, Burgerpatties formen … Mehr Transparenz geht nicht.

Kumpel & Keule

Metzgerei

Full Flavour

Wenn zwei Freunde mit Leidenschaft konsequent das kochen, was ihnen schmeckt, kommt für viele Leckeres dabei heraus. Die gastroerprobten Partner von bone.BERLIN spielen gekonnt mit der internationalen Soul-Food-Palette und servieren ihre Highlights von allen sechs bewohnten Kontinenten. Die kräftigen Aromen haben sie noch von ihren Reisen auf der Zunge und scheuen neue Kombinationen nicht.

Die Kantine in der Markthalle Neun ist ihre kulinarische Spielwiese: Unter der Woche gibt es einen wöchentlich wechselnden Mittagstisch mit Veganem, Vegetarischem und Fleischlichem bzw. auch Fisch oder Geflügel, beim Street Food Thursday toben sie sich meist mit Frittiertem aus und am Samstag gibt es Brunchteller mit Frühstücksvarianten aus der ganzen Welt. Das sind viele Möglichkeiten für das Team, sich geschmacklich auszutoben und für die Gäste, immer wieder Neues zu entdecken.

bone.BERLIN

Kantine

Wochenmenü 05.-09.02.

Kichererbseneintopf — 6.5
Kichererbsen, Gurke, Tomate, Harissa, Feta, Petersilie, Brot

Raw Cale Salad (warm) — 6.5
roher Grünkohl, Hirse, Hokkaido Kürbis, Kerne, Vinaigrette, Brot

Bi-Bim-Bap — 7.5
Reis, Kim-Chi, Edamame, Sprossen, Blattsalat, Godujang, Spiegelei, Sesam

Bangers 'n Mash — 9.5
Chipolata Bratwurst, Kartoffelpüree, Bratensauce, Rotkohl

...er Saft (0.3l): Apfel + Karotte + Orange + Ingwer + Beete — 3.5

Getränke:
Eichhofener Pils (0.3l) — 3.0
Kokoswasser (0.5l) — 3.5
Afri Cola (0.2l) — 2.5

Die bone.BERLIN-Crew
in der Markthalle Neun.

bone.´s Kantinen-Team

Bi-Bim-Bap

4 Portionen

400 g	Sushi Reis
200 g	Kimchi
8 EL	Gochujang
	(koreanische Chili-Paste)
1 EL	Apfelsaft
½ EL	Essig
½ EL	brauner Zucker
120 g	Edamame
160 g	Sojasprossen
1 TL	Kurkuma
12	große Blätter Kopfsalat
4	Spiegeleier
Sesamöl	
Sesam, geröstet	

Kimchi mindestens zwei Wochen vorher ansetzen, sodass durch die Fermentation eine feine Säure entsteht.

Rohe Gochujang mit Apfelsaft, Essig, braunem Zucker und 1 TL Sesamöl anrühren, bis eine glatte, zähflüssige Sauce entsteht.

Edamame in kochendem Wasser 1 Min. erhitzen.

Sojasprossen mit Sesamöl und Kurkuma kurz dämpfen.

Je eine Portion Reis in die Mitte der Schalen geben. Kimchi, Edamame, Sprossen und Blattsalat segmentiert um den Reis herum anrichten.

Gochujang zum Reis geben, Spiegeleier darüberlegen und mit geröstetem Sesam bestreuen.

Paname Kitchen

Crêperie

Galette New York

Teig für 10 Galettes
250 g   Buchweizenmehl
500 ml   Wasser
Salz, Öl

Füllung für 1 Person
100 g   Cheddar
3 – 4 Scheiben Pastrami
Gewürzgurke nach Belieben
Ruccola nach Belieben

Teig
Für den Teig alle Zutaten sorgfältig miteinander vermischen und für ca. 1 Stunde an einem kühlen Ort ruhen lassen, damit der Buchweizen quellen kann.

Füllung
Die Galettes auf der Crêpeplatte drehen, den Cheddar darauf geben und schmelzen lassen. Pastrami, Gurken hinzufügen und ganz am Ende Ruccola hinzugeben. Die Galette an vier Seiten umschlagen und servieren.

Paname ist ein liebevoll ironischer Spitzname der Pariser Arbeiter für ihre Stadt. Die Paname Kitchen des Franzosen Martin Guéna bringt die typischen süßen Pariser Crêpes und ihre bretonischen Verwandten, die pikanten Galettes, nach Berlin. In seinem früheren Leben war er Regie-Assistent, bis er von einem Ausflug in den Süden Frankreichs einen charmanten Well-blechbus mitbrachte und anfing, aus besten Zutaten die hauchdünnen Spezialitäten zu verkaufen. Zuerst in Paris und nun in der Berliner Markthalle Neun.

Crêpes serviert er am liebsten klassisch bretonisch mit einer gesalzenen Karamellbutter, die er natürlich selber macht. Die Galettes sind deftiger. Das Buchweizenmehl für den glutenfreien Teig kommt aus der Bretagne. Schinken, Käse und die anderen Zutaten kommen von den Händlerkollegen aus der Markthalle. Wenn man vor dem sympathischen Gefährt steht, hat man immer die Qual der Wahl. Deswegen nimmt man am besten beides: Man fängt mit einem oder zwei der wunderbaren Galettes an und endet mit einem süßen Crêpe. Et voilà, das ist doch vraiement trés, trés französisch!

Martin Guéna

95

heißgeräucherter Stör

Störwürste
aus 99,99 % Filet

Vodka „Red Spring"

Kaviar „Teich2.5"

An der Quelle

Tauschen Großstadtleben gegen Landleben!
Wovon manch einer nur träumt, das haben Susanne und Matthias Engels wahr gemacht. Das in der Medienbranche tätige Paar war auf der Suche nach einer neuen, nicht ganz so schnelllebigen Daseinsform, als sie 2012 ihren späteren Forellenhof Rottstock auf einer Plattform für Unternehmensnachfolgen entdeckten. Die Begeisterung war groß, das fachliche Know-How damals noch klein. Mit learning by doing legten sie los und kauften die Fischzucht mit Ausflugsziel im Herbst 2013.

Das Paar zog zu seinen 25 Teichen mitten im idyllischen Hohen Fläming und züchtet heute Bachforellen anstatt Regenbogenforellen, Saiblinge und Störe. Die beiden bieten Räucherkurse an, haben sich als Lieferanten der Spitzengastronomie in Berlin einen Namen gemacht und betreiben auch einen Fischstand in der Markthalle Neun.

Insbesondere der faszinierende Stör, dieses urzeitliche Wesen, hat es ihnen angetan, und zwar nicht nur als Kaviarlieferant, sondern auch wegen seines festen delikaten Fleisches, das hierzulande zu Unrecht kaum Beachtung findet. Und weil ihnen noch etwas zum Anstoßen fehlte, wird jetzt mit dem Wasser aus der hauseigenen Quelle noch ein eigener Wodka hergestellt. Petri Heil!

25 Teiche

Forellenhof

Susanne & Matthias
Engels

Otto Gourmet

Der Click zum guten Fleisch

Wolfgang Otto
Geschäftsführer

Das Unternehmen der Gebrüder Otto ist ein Paradebeispiel dafür, wie inspirierend guter Geschmack und hervorragende Qualität sein können. Der Legende nach hat Bruder Stephan Otto nach dem Genuss eines Wagyu-Steaks in den USA sofort seine Brüder in Deutschland angerufen, um sie für seine neue Geschäftsidee zu begeistern: dieses unfassbar gute Fleisch nach Deutschland zu importieren, um es Sterneköchen und Gourmets gleichermaßen zugänglich zu machen.

Das war im Jahr 2004. Wie in jeder guten Legende begann dann alles in einer Garage im heimischen Heinsberg. Mittlerweile ist aus der Garage ein Fleischkompetenzzentrum geworden und Otto Gourmet beliefert 1.000 Köche aus der Spitzengastronomie und ca. 60.000 Privatkunden mit weltweit gescoutetem Fleisch aus artgerechter Tierhaltung. Tendenz steigend. Jeder der Brüder hat seinen Platz im Unternehmen gefunden.

Wolfgang Otto ist das Gesicht, Stephan Otto der Stratege und Michael Otto sorgt dafür, dass jedes Fleischstück im perfekten Zustand bei den Kunden ankommt. Eines lassen sich die drei nicht nehmen: Sie probieren jeden neuen Cut, der ins Sortiment soll. Verständlich!

Weihe

Frischegroßhändler

Björn Weihe
Geschäftsführer

Bis morgens um 6:00 Uhr verlassen die blauen Laster der Weihe GmbH mit dem markanten roten Schriftzug den Berliner Groß-markt. Beladen mit frischem Obst und Gemüse aus aller Welt, mit Molkereierzeugnissen, Feinkost, Convenience-Produkten und Getränken steuern sie Restaurants, Hotels, Kantinen und Caterer in Berlin und im Umland an.
Etwa 250 t Waren bringt der Frischegroßhändler täglich zu seinen Kunden. Angefangen hat alles im Jahre 1925 mit einem Obst- und Gemüsehandel im Wedding. Weitere Filialen folgten, dann der Krieg, die Mauer, der Mauerfall. Neue Möglichkeiten taten sich auf und Familie Weihe wusste sie zu nutzen. Die Filialen wurden geschlossen, man konzentrierte sich auf den Liefer-dienst und zog auf den Großmarkt.

Die Berliner Fruchthändlerdynastie hatte schon immer einen Sinn für Modernisierungen im Betrieb: Umbauten, Umzüge, Erweiterung, Zertifizierungen der Bio-Produkte, Webshops und die Weihe-App, jede Generation hat ihren Teil dazu beige-tragen, die Firma zu einem der führenden Frischegroßhändler Berlins zu machen. Björn Weihe führt das Familienunterneh-men mittlerweile in vierter Generation. Für ihn stehen ökologische, ökonomische und soziale Nachhaltigkeit im Vordergrund. Damit auch die kommenden Generationen in einen Apfel aus der Region beißen können.

Michael Kunzmann
Inhaber

Natürlich hat alles im Havelland angefangen. Genauer gesagt am Schwielowsee. Aus einer gemieteten Kühlkammer heraus belieferten der gelernte Koch Michael Kunzmann und sein Stiefvater Horst Bernd Paech wenige Jahre nach der Wende die Köche der neuen Hauptstadt mit Lebensmitteln aus Brandenburg.

Havelkrebse, Müritz-Zander, Beelitzer Kaninchen, Früchte aus Werder, Ruppiner Weidelämmer und immer wieder das Havelländer Apfelschwein begeistern die Berliner Gastronomen bis heute.

Mittlerweile sind die Zeiten der gebrauchten Lieferwägen längst vorbei. Das eigene Frische-Logistikzentrum im Süden Berlins beliefert die gehobene Gastronomie der Region und internationale Hotelketten mit allem, was die Region an guten Produkten zu bieten hat. Besonders sorgfältig ausgewählte internationale Lebensmittel sind nun auch mit dabei.

Und weil das manchmal mengenmäßig nicht ausreicht für die über 1.000 Kunden in Deutschland, hat Havelland Express kurzerhand eine eigene Farm zur Aufzucht der beliebten Apfelschweine aufgebaut. In der Nähe von Neuruppin wachsen die Tiere glücklich und stressfrei auf und liefern bestes Fleisch fernab jeder Massentierhaltung. Mittlerweile wird auch der kochfreudige Endverbraucher mit den Frischeprodukten von Havelland Express versorgt. Filet & Co heißt der Online-Marktplatz, bei dem Genießer voll auf ihre Kosten kommen.

Havelland Express

Frischdienst

Rogacki

Feinkost Spezialitäten

Stattliche neunzig Jahre alt ist diese Berliner Institution, die aus der Hauptstadt nicht wegzudenken ist und sie seit Geschäftsgründung treu mit Räucherfisch versorgt.

Angefangen hat für das Familienunternehmen alles im Jahr 1928 im Wedding mit Paul Rogacki, seiner Passion fürs Angeln und einem Bollerwagen voll Fisch.

Der Laden in der Wilmersdorfer Straße wurde 1932 eröffnet, firmierte sich stolz „Erste Charlottenburger Aal- und Fischräucherei" und ist bis heute ein Magnet für Feinschmecker von nah und fern. Die nachfolgenden Generationen der Familie Rogacki erwiesen sich als ebenso geschäftstüchtig wie der Gründer und haben nach und nach das Sortiment um Wild, Wurst, Käse, Brot und vor allem den beliebten Imbiss erweitert und den Laden entsprechend ausgebaut.

1972 bekam er sein unverwechselbar grünes Gesicht und die Größe einer kleinen Markthalle. Sowohl das Angebot als auch die Besuchermischung sind einzigartig. Hier lassen sich ältere Damen mit Silberlöckchen ihren Backfisch genauso schmecken wie junge Männer mit Tattoos ihr Hackepeterbrötchen. Wie es sich für eine kulinarische Institution eben gehört.

Nikolai Rogacki
Abteilungsleiter

Die namensgebenden 40 Sekunden fährt man mit dem Lift in das 500 qm große Dachgeschoss an der Potsdamer Straße mit dem spektakulären Blick auf die Skyline von Berlin. Im Jahr 2004 als Eventlocation eröffnet, ist das 40seconds als Rooftop-Club in das kollektive Party-Gedächtnis der Stadt eingegangen.

CEO Thorsten Schermall hat sich in den 15 Jahren seit der Gründung ein eigenes Event-Imperium erschaffen; mehrere Locations kamen hinzu und ein engagiertes Catering-Team kümmert sich um das kulinarische Wohl der Gäste. Kürzlich sind ihm zwei Geniestreiche gelungen: Übernahme und Ausbau eines einzigartigen Speichers im Berliner Westhafen ermöglichen Veranstaltungen mit bis zu 1.500 Personen. Der Industriecharme des Westhafen Event & Convention Center, kurz WECC genannt, ist selbst für eine Stadt wie Berlin bestechend.

Dann griff Thorsten Schermall nach den Sternen, schloss Ende 2016 beherzt den beliebten Club und eröffnete an seiner Stelle das Golvet. Leicht partymüde geworden, stand ihm der Sinn einfach mehr nach Fine Dining. „Es gibt für alles seine Zeit", sagt er und der Erfolg gibt ihm recht.

40seconds Group

Catering, Locations, Gastronomie

Thorsten Schermall
Geschäftsführer

RSVP Pop-Up

Gastronomic experiences

Supper Clubs, Kochkurse, Pop-Up-Restaurants, Back-Workshops und Tastings lassen das Herz eines jeden Foodies höherschlagen. Jeder weiß, dass in Metropolen täglich immer neue kulinarische Veranstaltungen darauf warten, besucht zu werden. Aber wie soll man sie finden, ohne sich durch unzählige Websites und Social Media-Plattformen zu klicken? Wer hat denn da Lust drauf?

Das hat sich Tiffany Ng, die Gründerin von RSVP Pop-Up, in ihrer Heimatstadt Kopenhagen auch gefragt und kurzerhand eine Online-Plattform gegründet, die mit wenigen Clicks Anbieter von gastronomischen Veranstaltungen aller Art mit kulinarisch interessierten Menschen zusammenbringt. RSVP revolutioniert sowohl das Anbieten als auch das Finden und Buchen der Events. Und das gibt es jetzt nicht nur in Kopenhagen, sondern auch in Berlin und anderen spannenden Food-Metropolen dieser Welt.

Kristin Rieve
Kundenbetreuung

Tiffany Ng
Gründerin

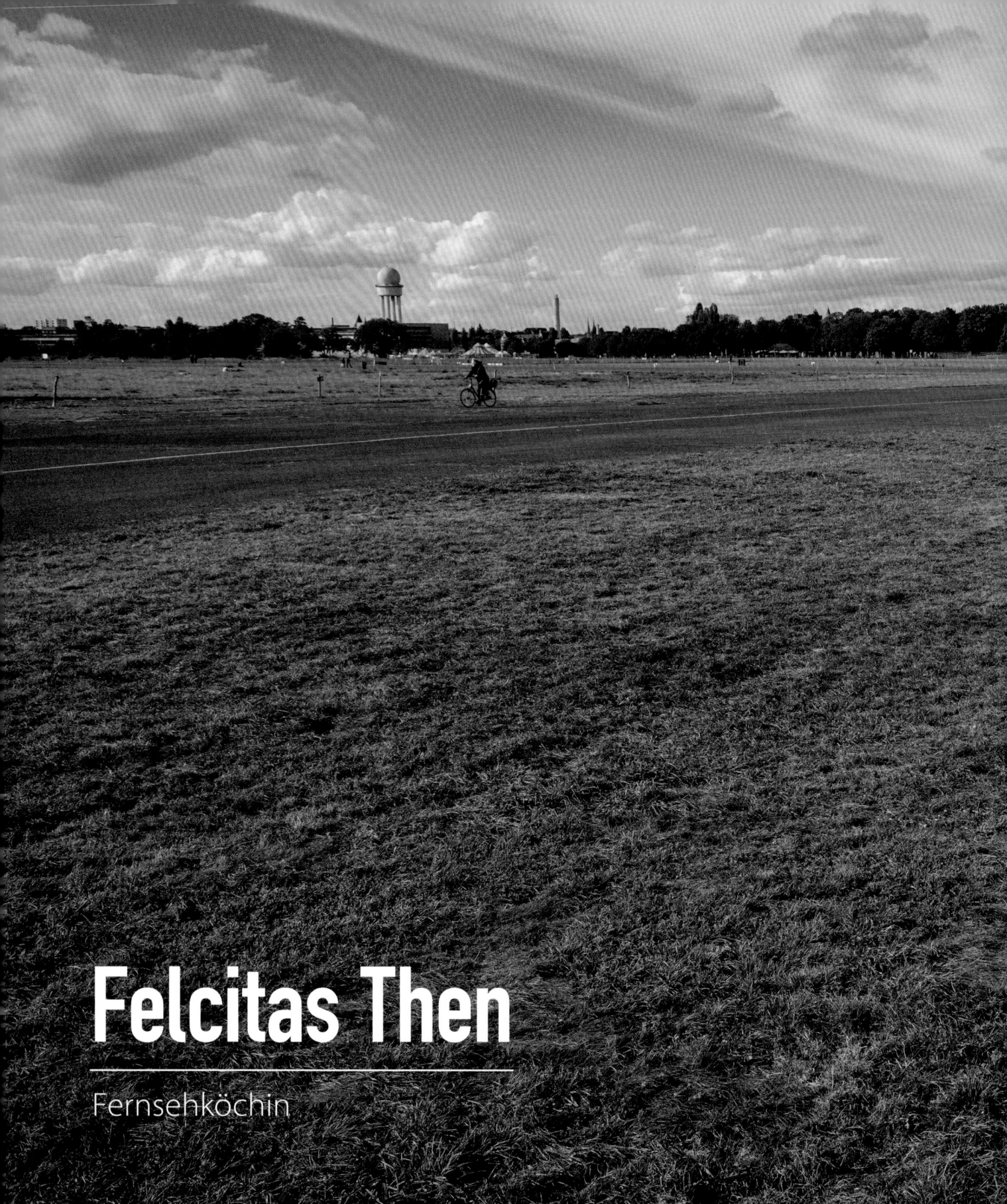

Felcitas Then

Fernsehköchin

Am liebsten kochen. Immer.

Schon als Kind hat Felicitas Then am liebsten Kochsendungen gesehen, stand vor dem Fernseher und hat dazu in den Töpfen gerührt. Erklärtes Berufsziel: Fernsehköchin. Gesagt, getan!

In der allerersten Staffel von „The Taste" erkochte sie sich mit Know-How und Charme den ersten Platz. Im wirklichen Leben hat sie dann mit ihrem nostalgischen Foodtruck und natürlich mit ihrem unverwechselbar unerschrockenen Kochstil die kulinarischen Herzen von Festival-Besuchern und Streetfood-Freunden erobert.

Dann kam der nächste große Schritt: Was sie am Herd kann, zeigt sie als „Die Foodtruckerin" in ihrer ersten eigenen Kochsendung. Ist sie am Ziel? Noch lange nicht! Denn nachdem sie nun ganz Deutschland auf der Suche nach den besten Zutaten bereist hat, steht ihr die ganze Welt offen.

tulus lotrek

Sterne-Restaurant

Plötzlich Sterne-Restaurant

Immer volle Kanne Aroma. Und bloß kein schlechtes Gewissen. Das gastronomische Konzept von Gastgeberin Ilona Scholl und Chefkoch Max Strohe funktioniert auf allen Ebenen und in allen Bereichen.

Im Gastraum umsorgt Ilona Scholl ihre Gäste mit unerschütterlichem Charme und einem breiten Lächeln. Im tulus lotrek soll man seine Alltagssorgen vergessen, ruhig mal einen Hosenknopf aufmachen und doch noch die nächste Flasche Wein bestellen. Wer kommt dem nicht gerne nach? Zumal aus der Küche mit großem Spaß gekochte Speisen kommen, die unbekümmerte Zusammenstellung ist eine Sensation. „Alles passt zusammen, man muss nur herausfinden wie", findet Max Strohe und der Erfolg bei den Gästen gibt ihm recht.

Dazu passt auch die Auszeichnung vom Guide Michelin, verliehen nur zwei Jahre nach der Eröffnung. Plötzlich ein Stern. Manchmal kneifen sich die beiden noch, falls es doch nur ein Traum war. Ist es aber nicht.

Maximlian Strohe

Ilona Scholl

Forelle, Molke & Mandel

4 Portionen

Forelle und Mandel
1   frische Forelle
geschälte Mandeln

Apfelessig-Molke-Beurre Blanc
500 ml Buttermilch
100 ml Fischfond, reduziert
100 ml Riesling, trocken
20 ml   Limousin Apfelessig
200 g   Sauerrahmbutter
Ahornsirup
Salz

Forelle und Mandel
Die geschälten Mandeln bei 140 ° C im Ofen goldbraun rösten, abkühlen lassen und zerstoßen.
Die Forelle filetieren und die Gräten ziehen. Die Haut der gekühlten Filets mit einem Bunsenbrenner erwärmen und abziehen. Die Filets mit Butter einstreichen, salzen, temperieren (handwarm) und in den zerstoßenen Mandeln wälzen.

Molke
Buttermilch aufkochen und passieren.
Dann Fischfond, Riesling und Apfelessig zum Kochen bringen, mit Butter emulgieren und binden, mit Ahornsirup und Salz abschmecken.

Zum Schluss die warme Molke aufschäumen und dünne Scheiben der Forelle darin einlegen.

Chicha

Cevichería & Pisco Bar

Simón Amaru
Castro Mendoza

Robert
Peveling-Oberhag

Umami aus Peru

Die Cultura Chicha entstand im Peru der 1960er Jahre, als immer mehr Menschen aus dem Hochland und dem Regenwald in die Hauptstadt Lima zogen und sich dort ihre Lebensweise, ihre Esskultur und ihr Geschmack mit dem der Großstadt bunt verquirlte.

Robert Peveling-Oberhag startete das Chicha als Streetfood-Stand und eroberte sich mit Ceviche und Pisco Sour schnell eine große kulinarische Fangemeinde. Während eines Studienaufenthalts in Südamerika hat er sich in das peruanische Gericht aus rohem, mariniertem Fisch verliebt und die Liebe zurück nach Berlin gebracht. Für sein Restaurant hat er in dem Wahlberliner Simón Amaru Castro Mendoza den perfekten Koch gefunden.

Mit Hingabe erforscht er seine peruanischen Wurzeln und bringt neben dem perfekt frischen Ceviche noch allerhand andere peruanische Spezialitäten auf den Tisch. Der Pulpo ist gekonnt gegart und der Schweinebauch knusprig. Dazu sollte man sich durch die große Pisco Auswahl probieren, der peruanische Traubenbrand schmeckt pur oder als schaumiger Pisco Sour. Was will man mehr? Das Chicha macht einfach Spaß!

Ceviche Chicha

4 Portionen

Tigermilch

200 ml	Limettensaft
50 g	Fischbauch/-rücken, weiß (z.B. Adlerfisch, Steinbutt)
24 g	Staudensellerie
7 g	Knoblauchzehen, geschält
7 g	Ingwer, geschält

Ceviche

400 g	Adlerfischfilet Label Rouge
3	Eiswürfel
2	Roscoff Zwiebeln
4 TL	Ají Amarillo Paste (peruanische Chili)
3	Zweige Koriander
4 EL	peruanischer Mais, geröstet (z.B. Willkaparu, Chulpe)
40 g	Salz

Süßkartoffel

1	große Süßkartoffel
3	Sternanis
1 Stange	Zimt
90 g	Zucker
200 ml	Wasser

Tigermilch

Den Limettensaft in einen Topf geben und zusammen mit dem Fischbauch aufkochen. Vom Herd nehmen, die anderen Zutaten hinzugeben, 5 Min. ziehen lassen und im Blender fein pürieren. Durch ein feines Sieb seihen und auf einem Blech im Schockfroster erkalten lassen.

Ceviche

Die Zwiebeln schälen und das Mittelstück herausnehmen. Die äußeren Ringe in Julienne (feine Streifen) schneiden und in kaltem Wasser einlegen. Wasser mindestens einmal wechseln, bis es nicht mehr trüb wird. Den Koriander zupfen und die Blätter in feine Streifen schneiden.
Das Adlerfischfilet ggf. entgräten, dann zu 1 x 1 cm großen Würfeln verarbeiten. Salzen, Koriander und Ají Amarillo Paste hinzugeben und gut durchrühren.
Die Eiswürfel sowie die abgetropften Zwiebeln hinzugeben und eine Minute warten. Mit Tigermilch übergießen und erneut gut durchrühren. Auf einem tiefen Teller servieren und mit geröstetem Mais sowie Süßkartoffel garnieren.

Süßkartoffel

Die Kartoffel schälen und in gleichmäßige 1,5 x 1,5 cm große Würfel schneiden. Alle Zutaten in einen Topf geben und ca. 8 Min. kochen, bis die Süßkartoffeln gar sind.

Kumpel & Keule
Speisewirtschaft

Restaurant

Die neue Fleischkultur

Eine gute Metzgerei braucht einen Imbiss. Dieses ungeschriebene Gesetz war Food-Aktivist Hendrik Haase und Metzgermeister Jörg Förstera bei der Eröffnung ihrer mittlerweile deutschlandweit berühmten Metzgerei Kumpel & Keule in der Markthalle Neun natürlich bekannt. Und so war es nur eine Frage der Zeit, bis die beiden in einer für Berlin unmittelbaren Nähe zum Mutterbetrieb die Türen zu ihrer Speisewirtschaft geöffnet haben.

Dort stehen Restaurantleiter Roman Hehmann, Küchenchef Martin Temlitz und die beiden Köche/innen Marcel Nitschke und Zoë Gassmann in der offenen Küche und setzen das Motto „from nose to tail" konsequent um. Die Speisekarte macht deutlich, dass Tiere eben nicht nur aus Filets bestehen. Die köstliche Hirncreme und das nicht minder köstliche Kalbsbries auf Toast machen bewusst, welch kulinarischer Verlust die Abwendung von der Innereienküche bedeutet. In die Speisewirtschaft kann man aber auch durchaus gehen, wenn man dem Thema Innereien noch unentschlossen gegenübersteht. Roman Hehmann und sein Team haben nämlich auch ein fantastisches Dry Aged Steak, ein frisch geschnittenes Steak Tartar sowie den beliebten Kumpel & Keule Burger im Angebot.

Roman Hehmann

Dry Aged Steak

4 Portionen

Steaks

2	Entrecôte Steaks vom Boeuf de Hohenlohe (10 Wochen trocken gereift und zwei Finger dick geschnitten) je ca. 360 g

Eingelegter Blumenkohl & Blumenkohlpüree

2 Köpfe	Blumenkohl
150 ml	Weißweinessig
1 TL	Curry
1 TL	Salz
2	Schalotten
70 g	Butter
100 ml	Weißwein
150 ml	Sahne

Petersilien-Öl

60 g	Rapsöl
80 g	Petersilie
Salz	

Spitzkohl

1 Kopf	Spitzkohl
Salz	

Steaks

Die Steaks vakuumieren und 90 Min. bei 54 ° C sous-vide garen. Aus dem Beutel entnehmen, trockentupfen, beidseitig salzen und von beiden Seiten scharf angrillen. Vor dem Servieren 5 Min. ruhen lassen.

Eingelegter Blumenkohl

Von einem halben Blumenkohl kleine Röschen abtrennen. Weißweinessig, Curry, 1 EL Salz und Wasser aufkochen und über die Röschen geben. Auskühlen lassen, vakuumieren und 24 Std. kalt stellen.

Blumenkohlpüree

Die übrigen Röschen und Strünke klein schneiden. Schalotten würfeln und in einem Löffel Butter farblos anschwitzen. Blumenkohl hinzufügen und mit dem Weißwein ablöschen. Abgedeckt bei geringer Hitze köcheln lassen, bis der Blumenkohl weich ist. Übrige Flüssigkeit ohne Deckel verkochen lassen. Sahne hinzugeben und um die Hälfte reduzieren. Mit der restlichen Butter im Thermomix zu einem glatten Püree mixen.

Petersilien-Öl

Petersilienblätter von den Stielen lösen und 5 Min. in gesalzenem Wasser blanchieren. In Eiswasser abschrecken und auf Küchenpapier komplett abtrocknen. Das Öl hinzugeben und im Thermomix für 10 Min. bei 80 ° C mixen. 24 Std. kalt stellen und passieren.

Spitzkohl

Spitzkohl je nach Größe vierteln oder achteln und bei kräftiger Hitze grillen, bis er sowohl bissfest gegart ist als auch verbrannte Stellen aufweist. Mit Salz und dem Petersilien-Öl würzen.

Zum Anrichten je 2 EL Püree über den Teller streichen und den Spitzkohl sowie den eingelegten Blumenkohl anlegen. Die Steaks tranchieren, auf 4 Portionen aufteilen und auf das Püree setzen. Mit je 1 EL Petersilien-Öl beträufeln.

Herz & Niere

Restaurant

Christoph Hauser

Michael Köhle

Filet war gestern

Natürlich denkt jeder an Innereien, wenn er vom Herz & Niere hört.
Und das ist ja auch richtig. Aber nicht ganz. Denn in dem Kreuzberger Restaurant gibt es drei Arten von Menüs: eins mit und eins ohne Innereien und eins ganz ohne Fleisch. Denn was bei der nachhaltigen Verwertung von Tieren „from nose to tail" heißt, wird beim Gemüse zu „from root to stalk". Oder auf gut Deutsch: Alles, alles wird verwertet.

Chefkoch Christoph Hauser ist aber nicht nur ein konsequenter Verwerter, er macht am liebsten auch alles selbst. In seiner Küche wird gebuttert, gekäst und gewurstet. In einem Steinguttopf wird aus Wein gerade Essig, der Brotteig geht in einer warmen Ecke und ein Schinken trocknet an der Luft. Gastgeber und Sommelier Michael Köhle steht dem in nichts nach, macht Säfte aus Fallobst, Likör aus selbstgeernteten Früchten und serviert zu den einzigartigen Kreationen gerne Weine aus dem deutschsprachigen Raum. Inzwischen haben die beiden auch einen eigenen Garten. Konsequent gut!

127

Alles vom Kürbis & geräuchertes Rinderherz

4 Portionen

1 Hokkaido-Kürbis
1 Muskatkürbis
frische Kürbisblätter
Salz, Apfelessig

Kürbiseis
100 g gemahlene Kerne (Muskatkürbis)
500 ml Milch
100 g Zucker
30 g Glucose
Salz

Kerncrunch
Kerne des Hokkaido-Kürbis
100 ml Wasser
1 Prise Salz

Kürbisbrot
300 g Kürbisfleisch
500 g Weizenmehl Typ 550
100 – 200 ml Wasser (je nach Feuchtig-
keit des Kürbisfleischs)
1 EL Kürbiskernöl
30 g Salz
10 g Zucker
1 Würfel frische Hefe

Kürbispüree
½ Muskatkürbis
½ Hokkaido-Kürbis
2 EL Crème fraîche
Muskatnuss, Salz, Apfelessig

Kürbissalat & gerösteter Kürbis
½ Muskatkürbis
½ Hokkaido-Kürbis
Butter, Salz, Pfeffer, Zucker, Apfelessig

Kürbissud
50 g braune Butter
1 EL Crème fraîche
Salz, Apfelessig

Vorbereitung
Kürbisse waschen und schälen. Die Schalen entsaften, das Kürbisfleisch aufheben. Den Muskatkürbis halbieren und das Kerngehäuse entfernen. Die Kerne auspuhlen (Kürbisfleisch aufheben) und im Ofen bei 160 ° C ca. 30 Min. lang rösten, bis die Kerne dunkel sind. Abkühlen lassen, fein mixen und für das Eis zur Seite stellen. Kürbisblätter waschen, in feine Streifen schneiden und in einer Pfanne mit Sonnenblumenöl anrösten, mit Salz würzen und mit Apfelessig ablöschen.

Kürbiseis
Gemahlene Kerne mit Milch aufkochen, Zucker, Glucose und eine Prise Salz zugeben. Passieren und im Pacojet oder einer Eismaschine gefrieren.

Kerncrunch
Den Hokkaido-Kürbis halbieren, entkernen, Kerne auspuhlen (Kürbisfleisch aufheben) und die Kerne mit Wasser und Salz aufkochen. Solange langsam köcheln lassen, bis das Wasser komplett verdampft ist. Die Masse im Ofen bei 160 ° C ca. 40 Min. lang rösten.
Das übrige Kürbisfleisch von beiden Kürbissen kommt als Trester ins Brot.

Kürbisbrot
Alle Zutaten in eine Rührmaschine geben und solange kneten, bis ein homogener Teig entsteht. Teig dritteln und zu Broten formen, mit Mehl bestäuben und 1 Stunde an einem warmen Ort gehen lassen. Anschließend bei 190 ° C Heißluft im Ofen 30 Min. backen.

Kürbispüree
Je einen halbierten Kürbis salzen und bei 160 ° C für 25 Min. im Ofen weich schmoren. Anschließend mit Crème fraîche fein mixen und mit den Gewürzen abschmecken.

Kürbissalat & gerösteter Kürbis
Aus dem Hokkaido werden dünne Scheiben geschnitten (ca. 0,5 cm) und in der Pfanne mit etwas Butter von beiden Seiten scharf angebraten. Etwas salzen und zuckern und mit Apfelessig ablöschen und abschmecken.
Den Muskatkürbis mit einem Hobel fein schneiden, mit Salz, Pfeffer, Apfelessig abschmecken und 30 Min. ziehen lassen. Die Scheiben dann aufrollen.

Kürbissud
Den Kürbissaft vom Pressen in einem kleinen Topf bis zur Hälfte einreduzieren. Mit den übrigen Zutaten abschmecken und aufmixen. Je nach Konsistenz mit etwas Speisestärke abbinden.

Geräuchertes Rinderherz

1   frisches Rinderherz
Salz
200 g   Räuchermehl

Geräuchertes Rinderherz

Das Herz von Sehnen und Fett befreien, mit der Faser in 4 – 5 gleich große Stücke schneiden und von allen Seiten leicht salzen.

Kalt räuchern: Das Herz auf ein Ofengitter legen. Räuchermehl in eine Pfanne geben und mit einem Gasbrenner zum Rauchen bringen. Pfanne in den ausge-schaltenen Backofen unter das Herz stellen. Bei gleichbleibender Rauchentwick-lung ca. 45 – 60 Min. kalt räuchern. Ggf. nochmals Mehl nachgeben / entzünden.

Herz garen: Das geräucherte Herz anschließend vakuumieren und bei 60 ° C im Wasserbad 20 Min. garen. Herz in dünne Scheiben schneiden und mit dem Kürbis anrichten.

eddielicious

Mexican Streetfood

Mexico on the road

Als in Berlin die ersten Streetfood-Märkte aufpoppten, war der gelernte Koch Edgar Bork begeistert. Schließlich hatte er sich gerade vorgenommen, seine mexikanischen Wurzeln auch kulinarisch in den Vordergrund zu stellen. Mit den Gerichten aus seiner Kindheit auf der Zunge stellte er sich hinter seinen ersten Streetfood-Stand in der Markthalle Neun. Seine Idee, eine kulinarische Brücke zwischen seinen beiden Heimatwelten zu erkochen, hatte auf Anhieb Erfolg.

Mit Temperament und Lebensfreude mixt er klassisch mexikanische Gerichte mit eigenen Kreationen: Seine Quesadillas Carnitas oder seine Tostadas mit Ente und Maronen erlangten bald Kultstatus. Dann folgte die Einladung zur Streetfood-Show „Karawane der Köche", die er mit seinem Freund Jan Oberdieck aus Wolfsburg auch prompt gewann. Ein Streetfood-Truck war der erste Preis und jetzt kann er mit seinem Team in ganz Deutschland auf privaten und öffentlichen Festen Gaumen und Herzen erobern. Damit sein Angebot auch wirklich 100 % mexikanisch ist, reist er oft in die alte Heimat und bringt neue Aromen und Inspirationen mit. Viva Mexico!

Edgar Bork

131

Edgar Bork

Anne Beucher

Pipian Bowl

4 Portionen

Pipian

800 g	Hähnchenbrustfilet
50 g	Huajillo Chilis, getrocknet
150 g	weißer Sesam
4	Tomaten
1	kleine Zwiebel
2	Knoblauchzehen
½ Stange	Zimt (ca. 3 cm lang)

Bohnenhummus

150 g	Wachtelbohnen (über Nacht einweichen)
1	Schalotte
1	Knoblauchzehe
600 g	Brühe
Cumin nach Geschmack	

hausgemachte Maischips

100 g	frische Maistortillas
Öl	zum Frittieren

Reis

150 g	Langkornreis
1 TL	Koriandersamen
1 Prise	Kurkuma
1	Lorbeerblatt
Salz	

Deko

Tomaten, Petersilie

Die Hähnchenbrustfilets in 3 cm große Würfel schneiden und in einem Liter kaltem, leicht gesalzenem Wasser langsam zum Kochen bringen, ca. 15 Min. garen, herausnehmen und beiseitestellen. Die Chilis in einem Liter kochendem Wasser einweichen. Tomaten ohne Öl in einer Pfanne unter starker Hitze scharf rösten, bis die Schale fast schwarz ist. Die Zwiebel, Knoblauchzehen, Zimtstange ebenso rösten. Den Sesam in der heißen Pfanne goldgelb werden lassen. Die Chilis aus dem Wasser nehmen und zusammen mit den übrigen Zutaten in den Blender geben, fein pürieren und bei Bedarf den Hühnerfond hinzufügen.

In einer Kasserolle etwas Olivenöl erhitzen, die Paste hinzufügen und für ca. 3 Min. anbraten.

Den restlichen Geflügelfond hinzugeben und für weitere 15 – 20 Min. köcheln lassen, bis eine dickflüssige, sämige Konsistenz entsteht. Die Fleischwürfel dazugeben und mit Salz abschmecken.

Die Bohnen mit der Schalotte, dem Knoblauch und der Brühe in einen Topf geben und unter gelegentlichem Rühren ca. 1 Std. lang kochen. Sobald die Bohnen weich sind, mit dem Stabmixer pürieren und nach Geschmack etwas Cumin hinzufügen und mit Salz abschmecken.

Die Maistortillas in Dreiecke schneiden und bei 180 °C in Öl frittieren.

Reis in einem Sieb unter fließendem Wasser waschen und mit der 1,5-fachen Menge Wasser und den restlichen Zutaten in einem Topf zum Kochen bringen. Danach ca. 15 Min. köcheln, bis der Reis gar ist.

LuisaKocht

Feinkostladen

Die Neapel-Berlin-Connection

Aus Neapel kommt ja angeblich die beste Pizza der Welt. Die Art der Herstellung ist sogar von der Unesco zum Weltkulturerbe ernannt worden! Da kann man schon einmal vergessen, dass Neapel kulinarisch sehr viel mehr kann als Pizza.

In Berlin können wir froh sein, dass wir Luisa Giannitti haben. In ihren Rezeptvideos, in einem wunderschönen Kochbuch, mit ihren Caterings und mittlerweile auch in einem eigenen Feinkostladen bringt sie uns die Köstlichkeiten aus ihrer Heimatstadt näher. Frische Pasta und ihren wunderbaren Pizzateig stellt sie täglich selber her, beides verkauft sie mit allen Zutaten im Set zum Mitnehmen.

Die Feinkost aus dem Süden Italiens, die sie verkauft, stammt von kleinen italienischen Produzenten, vieles davon gibt es sonst nirgends in Berlin. Wenn man also von der Lust nach dem puren Geschmack gepackt wird, gibt es im Laden von Luisa Giannetti genau das Richtige!

Luisa Giannitti

Pasta, Pesto, gelbe Tomaten

4 Portionen

480 g	Pennoni Pasta
3 l	Wasser
2 EL	grobes Meersalz
3 EL	extra natives Olivenöl
1	Knoblauchzehe
190 g	gelbe Tomaten
200 g	Schwertfisch Pesto
1 Bd.	frisches Basilikum
2 Prisen	feines Meersalz
Pfeffer, frisch gemahlen	

Das Olivenöl in einer Pfanne erhitzen und die geschälte Knoblauchzehe anbraten. Die gelben Tomaten dazugeben, für ca. 8 Min. kochen lassen und mit Salz und Pfeffer abschmecken.

Die Nudeln im Salzwasser „al dente" kochen.

In einer separaten Pfanne das Pesto aufwärmen, die gelben Tomaten ohne Knoblauch und 1 EL des kochenden Nudelwassers dazugeben.

Am Ende die Nudel in die Pfanne geben und mit frischem Basilikum dekorieren.

Das Gericht ist mit den Produkten meines Feinkostladens in Berlin entwickelt worden.
Die gelben Tomaten kommen direkt vom Vesuv und passen sehr gut zum Fisch.
Das Pesto der Firma Campisi ist mit Schwertfisch, frische Minze, Basilikum und getrockneten Kirschtomaten gemacht. Die Nudel sind aus dem Gebiet Gragnano bei Neapel.

WINTERFELDT
CAFE
BURRITO COMPANY
BERLIN BURRITO COMPANY
DRINKS
30

Thomas Platt

Gastrokritiker

Der Künstler unter den Gastrokritikern

K. u. K. könnte, auf Thomas Platt bezogen, das Kürzel für Kunst und Kritik bedeuten. Oder Kunst und Kultur. Oder Küche und Kultur. Der wahrscheinlich facettenreichste der Berliner Gastronomiekritiker ist gleichzeitig Maler, Schriftsteller, Drehbuchautor, Aktionskünstler und eben auch Feinschmecker.

In den 80er Jahren fing er an, für seinen „Geheimen Berlin-Verführer" schöne, sonderbare und sehenswerte Orte der neuen Hauptstadt zu beschreiben. Er, der die Stadt immer wieder neu und anders kennenlernt, hat sie vom kulinarischen Aschenbrödel bis zur Food-Trend Diva journalistisch begleitet. Das Feinschmecken hat er sich in allen Nuancen selbst beigebracht und kann nur jedem empfehlen, in Sachen Gaumenkultur fleißig zu trainieren. Thomas Platt hat sich bei alledem eine gewisse künstlerische Furchtlosigkeit bewahrt und testet für Deutschlands Tageszeitungen, Magazine und Radio nicht nur Sternerestaurants, sondern auch Fischdosen und Kartoffelpuffer aus der Tiefkühltruhe. Genuss kann eben überall sein.

Michael Schulz
Björn Swanson
Holger Hellmuth

Golvet
Restaurant

Die Durchstarter

So einen spektakulären gastronomischen Start hat in Berlin wohl selten jemand hingelegt. Erst eröffnet das Golvet in den ehemaligen Räumen des legendären Clubs 40seconds. Ein so mondän elegantes Restaurant in einem weitläufigen Dachgeschoss mit sensationellem Blick auf die Skyline vom Potsdamer Platz, das gibt es auch in Berlin nicht so oft. Dann bekommt die Crew um Küchenchef Björn Swanson nach nur 6 Monaten einen Michelin Stern verliehen! Inhaber Thorsten Schermall ist zu recht stolz auf sein Projekt und das Team.

Der Berliner Björn Swanson hatte in Mecklenburg-Vorpommern bereits einen Stern erhalten und ist glücklich, in seiner Heimatstadt so schnell an diesen Erfolg anknüpfen zu können. Seine Küche hat trotz schwedischer Ahnen nichts mit der Nordic Cuisine zu tun, er zelebriert einen modernen internationalen Stil, lässig und genauso kosmopolitisch wie das Design des Golvet.

Dessert von der Buttermilch mit Fenchel, Yuzu & schwarzem Tee

4 Portionen

Fenchel-Dacquaise

80 g	Eiweiß
60 g	Mandelgries
19 g	Mehl (Typ 405)
55 g	Puderzucker
33 g	Zucker
½ TL	Fenchelsamen, geröstet und gemahlen

Dulce-Ganache

100 ml	Sahne
125 g	Dulce Kuvertüre von Valrhona
4 g	Maldon Sea Salt

Yuzu-Gel

150 ml	Yuzu Sake
10 ml	Yuzu-Saft
1,7 g	Agar Agar

Fenchel-Chips / Fenchel-Salat

2	Baby-Fenchel

Vanille-aromatisierter Läuterzucker
Salz, Zitronensaft, Muscovado-Zucker

Schwarztee-Sud

250 ml	Wasser
25 g	Schwarztee
100 g	Honig
1 g	Xantan

Buttermilch-Eis

350 ml	Buttermilch
150 ml	Sahne
33 g	Glukosepulver
1 g	Jota
5 g	Salz
25 g	Magermilchpulver
20 g	Trimolin (Invertzucker)
50 ml	Yuzu-Sake

Buttermilch-Granitée

500 ml	Buttermilch
1,5 Blatt	Gelatine
30 ml	Zitronensaft, aufgekocht
3 g	Salz
2 cl	Tanqueray Ten

Fenchel-Dacquaise

Die Eiweiß mit dem Puderzucker schaumig schlagen und das Mehl, die Fenchelsamen sowie den Mandelgrieß unterheben.

Dulce-Ganache

Die Sahne erhitzen und die Schokolade darin schmelzen. Am Ende mit dem Salz abschmecken.

Yuzu -Gel

Alle Zutaten miteinander aufkochen und zum Auskühlen in ein hohes Gefäß geben. Wenn die Masse angezogen ist, mit einem Stabmixer pürieren und durch ein feines Sieb streichen.

Fenchel-Chips / Fenchel-Salat

Den Fenchel möglichst dünn auf der Mandoline aufschneiden und durch den lauwarmem Läuterzucker ziehen. Anschließend abtropfen und zum Austrocknen auf eine Silikonmatte legen. Dauer: ca. 24 Std. bei 68 ° C im Excalibur-Trockner.

Für den Fenchel-Salat die Abschnitte des Baby-Fenchels in feine Julienne schneiden und mit etwas Salz, Zitronensaft und Muscovado-Zucker würzen. Mit gezupftem Fenchelgrün und Bronzefenchel vermengen, ausgarnieren und auf der Fenchel-Dacquaise anrichten.

Schwarztee-Sud

Das Wasser aufkochen und den Tee darin 5 Min. ziehen lassen. Mit Honig abschmecken und anschließend das Xanthan zur Bindung einrühren.

Buttermilch-Eis

Die Sahne mit dem Jota und dem Glucose-Pulver aufkochen. Anschließend alle weiteren Zutaten dazugeben und über Nacht ruhen lassen. Am nächsten Tag die Masse mixen und frieren.

Buttermilch-Granitée

Die Gelatine im Zitronensaft auflösen und alle Zutaten miteinander vermengen. Die Masse auf einem Blech grade einfrieren und am nächsten Tag mit Hilfe einer Gabel kratzen.

Brasserie Lamazère

Französisches Bistro

Avec plaisir

Die Brasserie Lamazère ist vom Stuttgarter Platz in Charlottenburg nicht mehr wegzudenken. Seit ihrer Eröffnung im Jahr 2013 hat sie sich ganz rapidement zu einer kulinarischen Institution entwickelt. Man hat das Gefühl, das klassisch charmant einge-richtete Bistro sei schon immer da gewesen und schon immer bereit, spontane und nicht so spontane Paris-Nostalgie mit allen Mitteln der französischen Volksküche zu heilen.

Wenn der letzte Besuch rechts oder links der Seine einfach zu lange her ist, zaubert Régis Lamazère aus Küche und Weinkeller genau das Richtige auf den Tisch, um die Welt wieder ins Lot zu bringen. Die Oeufs Cocotte mit dem berühmten Schuss Sahne und hauchdünnen Scheiben vom Bayonner Schinken machen genauso glücklich wie die zarte Ochsenbacke oder die delikate Entenkeule. Der Milchreis mit dem salzigen Sahnekaramell ist legendär. Michael Päsler und sein Team kochen die französi-schen Klassiker präzise und pur, mit wenigen, gekonnt platzierten Schnörkeln.
Maître und Sommelier Régis Lamazère hat sich den Traum vom eigenen Restaurant gottseidank an der Spree erfüllt. Das haben wir seiner Berliner Mutter zu verdanken. Seinem Vater, einem Pariser Zwei-Sterne-Koch, verdanken wir, dass Petit Régis mit einer großen Liebe zur Gastronomie aufgewachsen ist. Merci beaucoup!

Régis Lamazère

Michael Päsler

Confierte Enten in Zigarre

4 Portionen

Rillette
4   Entenkeulen
500 g   Entenfett
10 g   Salz
5 g   Pökelsalz
1 Prise Cayenne-Pfeffer
1 EL   Majoran, getrocknet
1 EL   Estragon, getrocknet
Thymian und Rosmarin
Strudelteig

Die Entenkeulen mit Salz und den restlichen Zutaten 12 Std. marinieren. Das Entenschmalz in einem Bräter schmelzen, die Entenkeulen und Kräuter einlegen und 12 Std. bei 85 ° C im Ofen garen. Nach dem Auskühlen Haut und Knochen entfernen. Das Entenfleisch und Fett unter Rühren zu Rillette (eine Art Aufstrich) verarbeiten. In Strudelteig rollen und ausbacken.

Magret de Canard, Blumenkohl, Mangold und Rauchmandel-Vinaigrette

4 Portionen

Entenbrust
4   Entenbrüste
200 g   Entenfett

Blumenkohlpüree
500 g   Blumenkohl
100 g   Butter
Koriander
Salz
1   Zitrone

Mangold Rauchmandel-Vinaigrette
500 g   Mandeln mit Schale
5   Schalotten
10 g   Salz
10 g   Zucker
500 ml Rotweinessig
250 g   Traubenkern-Öl

Enten-Jus
2   Entenkarkassen
2   Karotten
2   Zwiebeln
1   Lauch
1 EL   Tomatenmark
1 L   Rotwein
1 Prise Salz

Entenbrüste 20 Min. in Entenfett bei 85 ° C confieren, dann knusprig ausbraten.

Den Blumenkohl in Butter rösten, mit Salz, Koriander, Zitronensaft und -abrieb abschmecken. Alles zusammen zu einem Püree mixen.

Die Mandeln im Traubenkern-Öl räuchern. Schalotten-Brunoise anschwitzen, mit Rotweinessig ablöschen und kurz einköcheln lassen. Dann die Mandeln in Öl dazugeben und Salz und Zucker einrühren. Den gewaschenen Mangold klein schneiden, in einer heißen Pfanne schwenken und mit etwas Rauchmandel-Vinaigrette dünsten.
(Das Rezept für die Vinaigrette ergibt viel mehr Portionen, es sollte aber in dieser Menge hergestellt werden, um den Geschmack zu bekommen, der in diesem Prozess entsteht.)

Die Entenkarkassen klein hacken, das Gemüse waschen, schälen und auf ähnliche Größe schneiden. Das Gemüse und die Knochen stark anrösten mit Tomatenmark etwa 1 Min. unter ständigem Rühren weiter rösten, mit Rotwein ablöschen und reduzieren. Wenn der Ansatz der Jus stark glänzt, mit Wasser auffüllen. Die Jus auf die Hälfte reduzieren, passieren und auf die gewünschte Konsistenz einkochen. Vor dem Servieren mit Salz abschmecken.

Fisch sucht Strandbad

Für Berliner und Berlin-Besucher, die gerne frühstücken ist das Strandbad Mitte seit der Eröffnung eine wohlbekannte und heiß geliebte Adresse. Die ausführliche Speisekarte, die zentrale Lage, der entspannte Außenbereich und die großzügigen Frühstückszeiten erfreuen Genießer, Städtebummler, Familien, Früh- und Spätaufsteher gleichermaßen.

Dass man im Strandbad-Mitte genauso wunderbar mittags und abends essen gehen kann, geht da manchmal ein bisschen unter. Es ist also wie ein Geheimtipp, wenn man verrät, dass Küchenchef Tobias Gunter, der unter anderem in der Weinbar Rutz und im Avui in Stuttgart Erfahrungen sammelte, im Strandbad-Mitte eine moderne deutsche Küche mit feinen Fischgerichten kocht, die man à la carte und auch als Überraschungsmenü bestellen kann.

Die Inhaber vom Strandbad Mitte haben derweil ein Auge auf die ausgesuchte Weinkarte und sind immer auf der Suche nach den besten Lieferanten für Gemüse, Käse und sonstigen saisonalen Delikatessen aus der Region.

Strandbad Mitte

Restaurant

Kathrin Wessel

Tobias Gunter

Oliver Flebbe

Goldforelle, Grünkohl, Kürbissalat

4 Portionen

Goldforelle

2	Goldforellen

Grünkohl

1 kg	Grünkohl
2	Zwiebeln
150 g	Cornichons
50 g	gepickelte Zwiebeln
½	Knoblauchzehe
1 EL	Senf
1 TL	Tomatenmark
50 ml	Sojasauce

Grünkohlsauce

400 ml	Fischfond
100 ml	Weißwein
20 ml	Pernod
50 g	Butter

Kürbissalat

100 g	Kürbis
1	Bio-Limette
½	Chili
Salz, Zucker	

Goldforelle
Forellen filetieren, entgräten, waschen, salzen, auf der Haut knusprig braten und ruhen lassen.

Grünkohl
Kohl zupfen, waschen und gründlich auspressen, davon 250 g Grünkohl frittieren. Zwiebeln, Cornichons, gepickelte Zwiebeln und die halbe Knoblauchzehe fein würfeln und anschwitzen. Senf und Tomatenmark dazugeben, mit Cornichonwasser und Sojasauce ablöschen.
500 g rohen und den frittierten Grünkohl dazugeben und 10 Min. köcheln lassen.

Grünkohlsauce
Fischfond, Weißwein und Pernod auf die Hälfte reduzieren und mit der kalten Butter emuglieren. Die restlichen 250 g Grünkohl entsaften und vor dem Servieren zum Fischfond dazugeben.

Kürbissalat
Kürbis sehr dünn hobeln (japanische Mandoline), je einer Prise Salz und Zucker dazugeben und 5 Min. stehen lassen. Mit dem Abrieb einer Bio-Limette und einer halben fein gehackten Chili abschmecken.

Im Süden was Gutes

Es wissen immer noch nicht alle Berliner und Berlinbesucher, dass ein Besuch in Steglitz ein kulinarisches Highlight bietet. Auch fünf Jahre nach der Eröffnung, viel Lob, genauso vielen guten Bewertungen und der Auszeichnung mit dem Bib Gourmand vom Guide Michelin ist das Jungbluth immer noch so etwas wie ein Geheimtipp.

Nach gemeinsamen Jahren in der Küche von Berlins einziger Sterneköchin haben Felix Leisegang und Andre Sawahn ihr Restaurant im Südwesten Berlins eröffnet. Der Ruhm ihrer neuen deutschen Küche drang bald über die Bezirksgrenzen hinaus. Gerichte wie Zweierlei vom Moorhuhn mit Blumenkohl und eingemachter Birne oder Steinbutt, Erbse, Kerbel und Wildkräuter sind typisch für den feinen, aber puristischen Stil der beiden Köche. Die Atmosphäre ist gastfreundlich und leger, es gibt gleich zwei sonnige Terrassen und einen günstigen Mittagstisch. Auf nach Steglitz!

Felix Leisegang

Andre Sawahn

Jungbluth

Restaurant

Seezunge mit Sellerie & Apfelsud

4 Portionen

Selleriecreme & Selleriewürfel
1   großer Knollensellerie
frische Sahne
Salz, Pfeffer und Zucker
Butter
frischer Limettensaft

Apfel-Sellerie-Sud
3   Stangen Staudensellerie
5   Granny Smith Äpfel
frischer Limettensaft
Ingwer
Pfeffer
1 MSP Xanthan zum Abbinden

Seezungenfilet
4   enthäutete Seezungenfilets
Butter zum Braten
Fleur de Sel, Pfeffer

Garnitur
Brunnenkresse, Estragon und Wildkräuter nach Belieben

Selleriecreme & Selleriewürfel
Den Knollensellerie schälen und in acht Würfel schneiden (ca. 2 x 2 cm) und beiseitestellen. Die übrigen Teile grob würfeln, in einen Topf geben und mit Sahne aufgießen (der Sellerie soll nicht komplett bedeckt sein). Das Ganze mit Salz, Pfeffer und etwas Zucker würzen und zum Kochen bringen, einen Deckel auflegen und bei geringer Hitze garen, bis der Sellerie weich ist. Diese Mischung dann durch ein Sieb geben. Den weichen Sellerie im Küchenmixer unter Zugabe der Sahnemischung möglichst fein zu einem homogenen Püree mixen.
Die Butter in einer Pfanne aufschäumen lassen, die rohen Selleriewürfel einlegen und mit Salz, Pfeffer und etwas Zucker würzen. Bei geringer Hitze und unter Rühren garen, bis die Selleriewürfel die gewünschte Konsistenz erreicht haben. Beim Garen maximal ein paar Spritzer Wasser dazugeben damit die Würfel nicht anbrennen. Die Butter sollte aber nussig und der Sellerie leicht gebräunt sein.
Zum Schluss noch mit ein paar Spritzern frischem Limettensaft würzen.

Apfel-Sellerie-Sud
Staudensellerie und Äpfel waschen. Die Äpfel vom Kerngehäuse befreien, aber nicht schälen, da hier die schöne grüne Farbe und auch viele Vitamine verborgen liegen! Die Apfelstücke gleich mit Limettensaft beträufeln, damit sie nicht oxidieren. Den Ingwer durch Schaben mit einem Esslöffel schälen.
Im Anschluss Staudensellerie, etwas grünen Apfel und Ingwer durch einen Entsafter gegeben. Den Sud nur noch mit etwas Pfeffer und frischem Limettensaft abschmecken. Das Xanthan untermixen und in den entstandenen Saft einmontieren, sodass ein homogener Sud entsteht.

Seezungenfilet
Die Butter in einer beschichteten Pfanne aufschäumen lassen und die Fischfilets mit der Fleischseite (die weniger tranige Seite) einlegen. Die Butter sollte leicht bräunen und ein nussiges Aroma bekommen. Die Fischfilets nur kurz in der gebräunten Butter von der Fleischseite anbraten und rasch umdrehen. Die Pfanne vom Herd nehmen und die Seezungenfilets in der Resthitze zu Ende garen. (Seezungenfilets sind sehr schnell gar und neigen dazu, trocken zu werden. Der Fisch soll innen noch glasig sein.)
Die Filets vorsichtig mit etwas Fleur de Sel und Pfeffer würzen.

Anrichten
Die Selleriecreme auf vier Teller streichen und je zwei Selleriewürfel auflegen.
In der Mitte die Seezungenfilets drapieren. Den erfrischenden Apfel-Sellerie-Sud angießen und mit den Kräutern nach Belieben garnieren.

Filet vom Adlerfisch, gerösteter Grünkern, Bimi, Schwarzwurzeln & Safran

4 Portionen

Safransauce

500 g	Fischkarkassen
je 1 Tas.	gewürfelte Sellerie-, Fenchel-
	knolle, Zwiebel, Karotte
3	Knoblauchzehen
4	frische Ingwer-Scheiben

Thymian, Lorbeer, Piment, Sternanis,
Pfeffer, Senf-, Fenchelsaat
Pernod und Weißwein
Olivenöl

1 Tas.	Schalotten, grob geschnitten
1	Knoblauchzehe
2	Butterwürfel
1 Prise	Safranfäden (in 4 EL Pernod)

Fleur de Sel, gemahlener Pfeffer,
Limettensaft

Grünkern

500 g	Grünkern
3	Schalotten, gewürfelt

Traubenkernöl
Salz, Pfeffer
Limettensaft, Ahornsirup
Schnittlauch

Schwarzwurzeln

6 Stg.	Schwarzwurzel
2	Zitronen
1	Pomelo

Salz, gemahlener Pfeffer
Limettensaft
Butter

Adlerfisch & Bimi (wilder Brokkoli)

4	Adlerfisch-Filets, je ca. 150 g
1	Thymian-Zweig

Bimi-Zweige, halbiert
Pflanzenöl
Fleur de Sel
gemahlener Pfeffer
Butter

Safransauce

Das Gemüse, Knoblauch und Ingwer in Olivenöl farblos anschwitzen, die gewaschenen Karkassen dazugeben, direkt mit Pernod und Weißwein ablöschen und mit kaltem Wasser und einigen Eiswürfeln bedecken. Die Kräuter und Gewürze dazugeben, bei geringer Hitze aufkochen lassen und abschäumen. Den Fond noch ca. 20 Min. ziehen lassen und durch ein feines Sieb oder Tuch passieren. In einem Topf die Schalotten und Knoblauch in Olivenöl farblos anschwitzen, den Fischfond dazugeben, zum Kochen bringen und um ca. ⅓ reduzieren. Die kalte Butter und etwas Olivenöl dazugeben, mit dem Pürierstab fein mixen und montieren. Wichtig ist, dass die Sauce jetzt nicht mehr kocht. Zum Schluss noch die Pernod-Safran-Mischung dazugeben und mit Fleur de Sel, Pfeffer und etwas Limette abschmecken.

Grünkern

Den Ofen auf 180° C Umluft vorheizen. Den Grünkern auf ein mit Backpapier ausgelegtes Backblech verteilen, ca. 10 Min. leicht anrösten und dann in leicht gesalzenem Wasser für mind. 30 Min. kochen und das überschüssige Wasser abgießen. Die Schalotten in Traubenkernöl glasig schwitzen, den noch heißen Grünkern zugeben und mit Salz, Pfeffer, Ahornsirup und Limette nach Belieben abschmecken. Zum Schluss den Schnittlauch unterheben.

Schwarzwurzeln

Schwarzwurzeln schälen und direkt in Zitronenwasser legen, damit sie nicht braun werden. Anschließend in zwölf etwa gleiche Stifte schneiden.
Die Pomelo schälen und ca. ½ Tasse reines gezupftes Fruchtfleisch vorbereiten. In einer Sauteuse die Butter aufschäumen und die Schwarzwurzeln zugeben. Direkt mit Salz und Pfeffer würzen, die Hitze reduzieren und unter Schwenken garen, bis sie die gewünschte Konsistenz haben. Zum Schluss mit Limette würzen, das Pomelo-Fruchtfleisch dazugeben und noch einmal durchschwenken.

Adlerfisch & Bimi (wilder Brokkoli)

Den Ofen auf 120 ° C Umluft vorheizen. Eine beschichtete Pfanne mit etwas Öl erhitzen. Den Adlerfisch von der Hautseite anbraten und direkt mit einem Teller beschweren, damit sich die Haut nicht aufwellt und gleichmäßig kross wird. Den Fisch braten, bis man seitlich unten eine schöne Bräunung sehen kann. Nun dezent mit Fleur de Sel und Pfeffer würzen und die Pfanne in den Ofen schieben. Der Fisch ist fertig, wenn sich das Fleisch von oben weißlich verfärbt (ca. 6 – 10 Min.). Aus dem Ofen nehmen und noch einmal Hitze von unten geben. Jetzt Butter dazugeben und bräunen lassen. Den Thymian in die Butter geben und den Fisch damit übergießen. Erst jetzt den Fisch auf die Fleischseite drehen und direkt aus der Pfanne nehmen. Die Hautseite noch leicht mit Fleur de Sel und Pfeffer würzen und warm stellen. Den Bimi kurz in der Aromatenbutter anbraten und mit Fleur de Sel und Pfeffer würzen.

Anrichten

Auf vier großen Tellern mittig den Grünkern anrichten. Darauf die Fischfilets legen. Seitlich je drei Schwarzwurzelstückchen und etwas Pomelo arrangieren. An den Fisch den Bimi anlegen. Zum Schluss noch die gemixte Sauce angießen.

Sinnvoll kochen

Er ist ein kulinarischer Tausendsassa. Zehn Jahre hat er in den Küchen der renommiertesten Sterne-Restaurants Deutschlands gelernt und gearbeitet. Dann wollte er mal etwas anderes machen und ist nach Berlin gezogen. Es folgten Stationen als Food-einkäufer und Qualitätsmanager einer Berliner Gastrononomiegruppe sowie als Mitglied im Gründerteam und Storemanager eines innovativen Kochladens.

Doch er verspürte den Drang, etwas im Leben und bei der Arbeit zu verändern. Schließlich war er mittlerweile Vater von vier Kindern geworden. Eine nachhaltigere Arbeit sollte es sein und so wurde er Küchenchef in einer Waldorfschule. Sinnvoll kochen eben. Und weil er nun endlich Zeit neben der Arbeit hat, gibt er Kochworkshops für Groß und Klein, bietet Caterings und Kochevents, ist Autor und Kräutergärtner. Doch damit nicht genug: Im Verein „Essen macht Schule e.V." berät er andere Schulen und Kollegen zum Thema Schulnahrung und hat außerdem ein Startup für Salatsaucen gegründet. Ein Tausendsassa eben!

Benjamin Perry

Catering

Kürbis, Ziegenkäse, Gurke

4 Portionen

Eingelegter Kürbis

ca. 1 kg	Kürbis (gelber genetzter oder Muskat)
200 g	Zucker
600 ml	Wasser
200 ml	Weinessig
1	Zimtstange
2	Nelken

Kürbiscreme

ca. 1 kg	Hokkaido-Kürbis
3	dicke Scheiben Ingwer
1	Knoblauchzehe
3 MSP	Five Spice Gewürz
2 MSP	Salz

Ziegenkäsecreme

300 g	Ziegenfrischkäse
100 ml	Birnendirektsaft
Salz	

Gurkensülze

3	Gewürzgurken
4 EL	Gewürzgurkenfond
3 EL	Senfkörner
½	kleine Zwiebeln
3 EL	Mirin
¼ TL	Agar Agar
1	Dillzweig
2 EL	Zucker
1–2 MSP	Salz

Kresse

Salicornia cress
Sakura cress

Eingelegter Kürbis

Das Wasser mit dem Zucker und den Gewürzen aufkochen. Erst ganz am Ende den Essig beigeben und nun leicht simmern lassen. Den Kürbis schälen und das Fleisch in quadratische Würfel schneiden. Diese in den Sud geben, einmal aufkochen lassen und gleich in die Weckgläser füllen.

Kürbiscreme

Den Hokkaido-Kürbis waschen und in walnussgroße Stücke schneiden.
Topf mit gesalzenem Wasser aufstellen und einen Dämpfaufsatz daraufstellen. In das Wasser die Ingwerscheiben geben und die Hokkaidostücke in den Dämpfeinsatz legen. So lange dämpfen, bis die Stücke sehr weich sind (ca. 15 Min.). Dann die Kürbisstücke mit etwas von dem Dämpfwasser mixen, bis eine feste, cremige Konsistenz entsteht (Flüssigkeit langsam beigeben). Nach Geschmack salzen.

Ziegenkäsecreme

Den Ziegenkäse mit dem Birnensaft cremig rühren. Nach Geschmack salzen.

Gurkensülze

Gewürzgurken und Zwiebeln fein würfeln. Zucker in einen kleinen Topf geben und mit 2 EL Gurkenfond mischen. So lange köcheln, bis ein hellbrauner Karamell entstanden ist. Wieder 2 EL Gurkenfond und den Mirin (vorher das Agar Agar im Mirin auflösen) beigeben und köcheln, bis sich der Karamell aufgelöst hat. Die Senfkörner und die fein gewürfelten Zwiebeln beigeben und 1–2 Min. köcheln lassen. Hitze wegnehmen. Den Dill fein hacken und beigeben (Spitzen zum Anrichten zurückhalten). Nach Geschmack salzen und dann abkühlen lassen, bis es fest wird. Mit einem Löffel vermengen und durchmischen.

Maître Philippe & Filles

Feinkost / Delikatessen

**1 | Contraste Rosé
von Rita Marques Ferreira,**
passt gut zu Käse, Gegrilltem und Fisch.

2 | Bleu d'Auvergne,
milder Blauschimmelkäse aus Kuhroh-
milch aus der Auvergne in Zentral-
frankreich.

7 | Cailletier-Oliven oder Niçoises
aus der Region von Nizza, zwischen
unreif und reif geerntet, in Salzlake
und einigen wenigen Kräutern der
Provence eingelegt.

8 | Picholine-Oliven aus Bize-Miner-
vois, in der Nähe von Carcassonne, unreif geerntet und in Salzlake eingelegt.

3 | Brin d'Amour („Liebeszweig")
aus Korsika, Schafrohmilchkäse von
Kräutern der Macchia, wie Rosmarin,
Thymian, Wacholder, Fenchel, umhüllt
mit Reifeschimmel, der bedenkenlos
mitverzehrt werden kann.

5 | Valençay,
Ziegenrohmilchkäse aus der Touraine,
mit Pflanzenasche bestäubt.

9 | Sardines „St. Georges" von der
Conserverie La Belle-Iloise in Quiberon,
benannt nach dem Firmengründer
Georges Hilliet, in kaltgepresstem Olivenöl und einer Prise Salz eingelegt.

4 | Salami „Jésus Basque"
von Sylvie und Eric Mayté im französischen Baskenland (Pyrenäen) produ-
ziert, eine klassische kräftige Salami
ohne Chili mit einem Pfefferkorn ab
und an.

6 | Langres,
Kuhmilchkäse aus der Champagne, die
rotgeschmierte Rinde gibt ihm eine
würzige Note, der Kern ist frisch und
säuerlich.

10 | Sardinen in kaltgepresstem Oliven-
öl von der **Conserverie Les Mouettes
d'Arvor** (Gonidec) in Concarneau.

La bonne famille

Es begab sich zu einer Zeit, als Berlin noch nicht die kulinarische Hauptstadt Deutschlands war, da verschlug es einen jungen Franzosen aus Marseille wegen der Liebe hierher. Und weil er Franzose war, vermisste er bald viele leckere Dinge, die er von zu Hause aus gewohnt war: Käse, Brot, Wein und manchmal auch das gute Wetter.

Schon bald spezialisierte sich Philippe Causse darauf, mit den guten Dingen, die es in Berlin nicht gab, zu handeln, und brachte zuerst Wein und dann auch Käse aus seiner Heimat. Bald spielten auch zwei kleine Töchter zwischen den Weinkisten und Käselaiben. Nach einigen Standortwechseln kam 1994 mit dem Laden in Wilmersdorf der endgültige Durchbruch. Er nannte ihn Maître Philippe und war schon bald die beste Adresse für französischen Käse weit und breit.

Seine beiden Töchter wuchsen zu klugen und unternehmungslustigen Frauen heran und begannen, sich für das Geschäft mit französischen Delikatessen zu interessieren. Mittlerweile firmiert das Familienunternehmen mit Maître Philippe & Filles und die exquisite Auswahl ist um wunderbare Produkte wie Schokolade, Wurst, Paté und Fischkonserven erweitert worden. Tochter Anaïs kümmert sich hauptsächlich um den Laden und Tochter Noémie um den Online-Shop. Den hat man mittlerweile gegründet, damit niemand die guten Dinge aus dem Laden von Maître Philippe et filles vermissen muss.

FR

Noémie Causse

Anaïs Causse

Habe die Ehre

Österreichisches Beisl

Anna Szemes Thomas Kos James Doppler

A Traum

Ja, es gibt eine österreichische Küche jenseits vom Wiener Schnitzel, Gulasch und Kaiserschmarrn. Ja, es gibt sie seit wenigen Jahren auch in Berlin! Anna Szemes und Thomas Kos heißen die jungen Gastgeber, die ganz frech und ganz selbstverständlich an einem Marktstand klischeebefreite alpenländische Küche anbieten.

Die Burgenländerin und der Vorarlberger tummeln sich schon länger in der Berliner Gastroszene und haben mit dem „Habe die Ehre" in der Arminiusmarkthalle einen hochgelobten Start in die Selbstständigkeit hingelegt. Dazu habe sie sich den international erfahrenen Wiener James Doppler in die offene Küche geholt, der dort eine höchst gelungene Fusion aus Beisl-Küche und Fine Dining auf die Teller bringt.
Wer in Berlin also von der Sehnsucht nach einer deftigen aber feinen zeitgeistigen Interpretation der Österreichischen Küche gepackt wird, die nur von Gerichten wie Leberkäs, gefüllt mit pikanter Blutwurst oder Rauchfisch Szegediner mit Grammel-knödel befriedigt werden kann, der sagt hier Serwas. Baba.

Szegediner Räucherfisch-Gulasch mit Grammelknödel und Anisbrösel

4 Portionen

Räucherfisch-Gulasch

350 g	Sauerkraut
200 g	Räucherfische Makrelle, Forelle, Stör
200 g	Zwiebel
150 ml	Fishfond
½ EL	Tomatenmark
2 EL	Paprikapulver, rosenscharf
2 EL	Paprikapulver, edelsüß
1 EL	Majoran, getrocknet
50 g	Butter

Grammelknödel

500 g	Kartoffeln, mehligkochend
100 g	Mehl
2 EL	Butter
2	Eidotter
200 g	Grammeln/Grieben
1 Bd	Petersilie
1	Knoblauchzehe
½	Zwiebel
Salz	
Mehl (für die Arbeitsfläche)	

Garnitur

Butterbrösel mit gerösteter Anissaat
Sauerrahm mit frischem Dill
Pepperoni-Scheiben

Räucherfisch-Gulasch

Zwiebeln goldgelb anschwitzen, Sauerkraut hinzufügen und 5 Min. mitkochen. Danach beide Paprikapulver und das Majoran beigeben und kurz anrösten. Tomatenmark für 1 Min. mitrösten und mit Fischfond ablöschen. Bei niedriger Hitze 35 Min. köcheln lassen. Räucherfische von Haut und Gräten befreien und zerkleinert unter das Kraut mischen. Mit Butter vollenden.

Grammelknödel

Kartoffel schälen und weich kochen. Für die Fülle die Zwiebel fein schneiden und in etwas Butter hell anrösten. Grammeln fein hacken und mit Petersilie, der ange-rösteten Zwiebel und Knoblauch vermischen. Mit Salz und Pfeffer abschmecken. Aus der Masse kleine Kugeln formen und diese kalt stellen. Die gekochten Kartof-feln im Backrohr kurz ausdampfen lassen und durch eine Kartoffelpresse drücken. Auskühlen lassen.

Auf einer bemehlten Arbeitsfläche Kartoffeln mit Butter, Eidottern, Salz und so viel Mehl, wie der Teig aufnehmen kann, geschmeidig verkneten. In Folie hüllen und im Kühlschrank 15 Min. ruhen lassen. Dann zu einer Rolle formen und Scheiben abschneiden. Jede Grammelkugel gut mit Teig umhüllen und zu runden Knödeln formen. Salzwasser aufkochen und die Grammelknödel darin etwa 7 Min. leicht wallend kochen. Herausheben, abtropfen lassen und in heißen Anis-Butterbröseln wälzen.

Petersiliengraupen mit Bresaola und Haselnüssen

4 Portionen

50 g	Haselnüsse
200 g	feine Graupen
2	Schalotten
50 g	Petersilie
Pflanzenöl	
100 ml	Weißwein
600 ml	Gemüsebrühe
100 g	Butter
Salz und Pfeffer aus der Mühle	
1	Bio-Zitrone
8	Scheiben Bresaola, Rinderschinken
Olivenöl	

Zur Vorbereitung die Haselnüsse im Ofen bei 200 ° C für ca. 5 – 8 Min. rösten. Die Graupen unter fließendem Wasser abspülen und abtropfen. Schalotten schälen und in kleine Würfel schneiden. Petersilie waschen und zupfen.

Die Schalottenwürfel in einem Topf mit etwas Pflanzenöl anschwitzen, gewaschene Graupen hinzufügen, mit Weißwein ablöschen, reduzieren, nach und nach mit heißer Gemüsebrühe auffüllen. Mit Salz und Pfeffer abschmecken.
Nun die Butter schmelzen und mit Petersilie zu einer Paste mixen. Kurz bevor die Graupen gar sind, die Petersilienbutter unter die heißen Graupen geben und 1 Min. aufkochen. Mit Zitronensaft und Zitronenschale abschmecken.

Zum Anrichten die Graupen in die Mitte des Tellers geben, Bresaola locker darüberlegen, Haselnüsse drüberfallen lassen und mit etwas Olivenöl und frischen Pfeffer vollenden.

Kolja Kleeberg

TV-Koch & Musiker

Küchenphilosophie

Alles zu seiner Zeit, so kann man die Philosophie des rheinischen Wahlberliners knapp beschreiben. In der Küche, wie im Leben. Nach 20 Jahren mit dem eigenen, besternten Restaurant Vau widmet er sich nun seiner Radioshow, tritt musikalisch und kulinarisch bei hochkarätigen Veranstaltungen auf und verfolgt sein Projekt „Kolja and Friends", bei dem er gemeinsam mit Winzern, Käsemachern, Kochkollegen, Musikern oder Bierbrauern unvergessliche Abende kreiert.

Regionale Produzenten kommen natürlich in seiner „Kolja Kleeberg Show" zu Wort, sodass der Kontakt zur Genussbasis gepflegt wird. Folgt ein neues gastronomisches Zuhause? Nun ... Alles zu seiner Zeit.

Cathrin Brandes

Autorin

Professionell genießen

Als Cathrin Brandes nach Berlin kam, da sah die Welt noch ziemlich anders aus. In den Neunzigern konnte die Stadt, wenn überhaupt, nur davon träumen, mal als gastronomischer Hostspot Deutschlands zu gelten – als Einflugschneise für internationale Foodtrends und Inkubator des neuen deutschen Lebensmittelhandwerks.

Auch unsere Autorin wagte noch kaum, daran zu denken, wie schön es doch wäre, statt was mit Paragraphen was mit Kochen zu machen. Zwanzig Jahre später sind beide sehr viel weiter und haben ihr kulinarisches Potential entdeckt und entwickelt. Die Stadt hat sich entfaltet und die Autorin hat es begleitet. Dabei war sie nicht nur Autorin, sondern Feinkostproduzentin, Supper Club Betreiberin, Food Artistin, Krautbraut und Initiatorin zahlreicher Projekte rund um die Themen Nahrung und Genuss. Ein unglaubliches Netzwerk an Wegbegleitern ist in all den Jahren entstanden. Ein kleiner Teil davon wird in diesem Buch porträtiert.

Rutz

Sterne-Restaurant

Der Küchenromantiker

Alle Genießer der Stadt haben sich mit Marco Müller gefreut, als er für 2017 den verdienten zweiten Michelin Stern verliehen bekam. Schließlich hat er seit der Verleihung des ersten Sterns 2007 konstant auf höchstem Niveau gekocht, seinen eigenen Stil weiter präzisiert und im Restaurant und der Weinbar Rutz das kulinarische Niveau Berlins ganz entscheidend mitgeprägt.

Hat sich seine Küche verändert? Ja und nein. Wenn es denn geht, ist er im Laufe der Zeit noch produktverliebter geworden. Immer ist er auf der Suche nach dem Allerbesten aus der Region: Duftende Tomaten, knuspriges Brot, zartes Lamm oder eine frische Makrele bringen ihn zum Schwärmen. Küchenromantik nennt Marco Müller das und verwandelt seine Romanzen auf dem Teller in elegant vollkommene Kreationen.

Marco Müller

Das Küchenteam:
Dennis Quetsch, Alexander Spreigl, Jascha Graf,
Mathias Seiffert, Aaron Eckenfels, Sascha Köhler.

Linumer Lamm & Grill-Lauch, Holunderblüten-Lack

4 Portionen

1 Stück Linumer Lammrücken
(3 Wochen am Knochen gereift)

Umamijus
200 ml Lammjus
170 ml Dashifond
70 ml klarer Pilzfond
10 ml 5 Jahre Holzfass im gereifte Sojasauce

Gersten-Crunch
1 Teil Malzgerste, frisch geröstet, fein geschrotet
2 Teile Pankomehl, in Pflanzenöl gebacken

4 Stangen Frühlingslauch

Holunderblüten-Lack
350 ml Wasser
150 ml Holunderblütenessig
2 g Citras
3,5 g Agar Agar
Meersalz, Holzkohleöl

Kräutercreme
400 ml Geflügelfond
230 ml Wasser
70 ml Zitronensaft
Salz, Zucker
3 g Citras
8,5 g Agar Agar
60 ml Dillöl
je 15 ml Basilikum-, Estragon-, Zitronenöl

Bohnen-Miso
20 g Bauchspeck
1 Knoblauchzehe
Geflügelfond
50 g weiße Bohnen
35 g Bohnen-Miso
15 g Butter
10 g Miso, geröstet

Lamm-Chip
Brickteig
Lammfilets vom Rücken
Limettensaft/-zeste
Pflanzenöl, Salz

Lammrücken
Für den Umamijus alle Zutaten miteinander vermengen und abschmecken. Bei Bedarf leicht mit Stärke binden. Zum Servieren mit etwas Limettenzeste mixen und den entstandenen Schaum nutzen.
Lammrücken zerlegen, vom Fett nehmen und auf ca. 100–120 g Stücke portionieren. Einzeln vakuumieren und raumtemperiert für 20–22 Min. bei 58 ° C in einem Wasserbad garen. Dann 5 Min. ruhen lassen, aus dem Vakuum-Beutel nehmen, abtupfen und kurz in aufschäumender Butter scharf nachbraten. Mit Umamijus lacken und auf einer Seite mit Gersten-Crunch bedecken, mit grobem Meersalz bestreuen.

Grill-Lauch
Zuerst das Lauchgrün und den Strunk entfernen. Nun das untere weiße vom Lauch auf der Holzkohleglut grillen, bis dieses komplett schwarz ist. Dann das Schwarze entfernen und das Innere in ca. 12,5 cm lange Stücke portionieren. Anschließend diese halbieren, den davon verbleibenden Rest fein in dünne Segmente zupfen, mit dem Holunder-Lack marinieren und auf den Lauchstangen drapieren.

Holunderblüten-Lack

Wasser und Essig aufkochen, mit Citras und Agar Agar binden, abschmecken und erkalten lassen. Dann mit einem Pürierstab glatt mixen, durch ein Sieb streichen und in eine kleine Plastikflasche füllen.

Kräutercreme

Fond, Wasser und Saft erhitzen, mit Citras und Agar Agar abbinden, glatt mixen und dabei die vier Öle langsam einfließen lassen. Creme durch ein Sieb streichen und erkalten lassen.

Bohnen-Miso

Speck anbraten, Knoblauch Farbe nehmen lassen, mit Geflügelfond ablöschen, die weißen Bohnen darin weich kochen, fein mixen und auf Raumtemperatur abkühlen lassen. Nun mit Bohnen-Miso, Butter und mit dem geröstetem Miso zu einer cremigen, spritzfähigen Masse verrühren, mit Salz abschmecken und zum Servieren auf den Lauch spritzen.

Mit getrockneten Bärlauchblüten, jungen Sauerampferblätter, weißen Tagetesblätter und rotgebleichten Kerbelblätter dekorieren.

Lamm-Chip

Brickteig mit einem Ausstecher (3 cm) rund ausstechen und mit Nussbutter bestreichen.

Über ein im Durchmesser von 2 cm dünnes, eingefettetes Rohr legen, sodass eine dem Taco ähnliche Form entsteht. Bei 160 ° C im Ofen für 6 – 7 Min. backen.

Lammfilets in feine Würfel schneiden, ansalzen und 30 Min. kühl stellen. Dann mit neutralem Pflanzenöl, Limettensaft und -zeste, sowie Salz abschmecken.

Kleine Kapern abtropfen lassen, abwaschen und auf einem Tuch trockenlegen, dann bei 180 ° C frittieren.

Geschnittene Lauch-Julienne in Eiswasser geben, sodass Kringel entstehen und beides auf dem Chip drapieren.

La Lucha

Modern Mexican

Modern Mexican

Der junge Niederländer Max Paarlberg gehört zu einer neuen Generation Berliner Gastronomen. Er ist weit gereist, gut geschult und gleichzeitig mit einem Sinn für Zahlen und einer Passion für gute Küche ausgestattet. Aufgewachsen ist er in London, danach folgten Stationen in Mexiko, Buenos Aires und Glasgow. Kaum in Berlin angelangt, hat er 2014 mit einem Partner peruanisches Ceviche auf Streetfood-Märkten verkauft, dann eine Whisky & Hot Dog Bar eröffnet und schließlich 2017 mit einem guten Blick für den Berliner Markt und einem soliden Netzwerk seinen Traum wahr gemacht: ein modernes mexikanisches Restaurant fernab aller Klischees.

Im La Lucha werden traditionelle Gerichte aus Mexikos hierzulande immer noch weit unterschätzter Küche modern aufbereitet und unkompliziert zum Teilen auf den Tisch gestellt. Dazu gibt es gut gemixte Cocktails und Drinks in Gläsern und Krügen und eine einmalige Auswahl an Agave-Destillaten, auf die Max Paarlberg zu recht besonders stolz ist. Die bunte Einrichtung und der gut geschulte Service sind genauso freundlich und fröhlich wie der Inhaber selbst. La Lucha bedeutet übrigens „Kampf" und der Ausdruck wird in Mexiko für die Antriebskraft genutzt, die man braucht, um seine Ziele und Träume zu verwirklichen. Wie passend!

Max Paarlberg

Quesadilla Azul

4 Portionen

8 blaue Tortillas (11 cm Durchmesser)
250 g   junger Gouda
100 g   geriebener Parmesan
250 g   Ricotta Affumicata
        (geräucherter Ricotta)
2   frische Feigen

Koriander-Emulsion

40 g   Koriander
50 g   weiße Zwiebel
5 g   frischer Knoblauch
13 ml   Zitronensaft
5 g   Maldon Salz
        (englisches Meersalz)
30 g   Frühlingzwiebel (nur Strunk)
130 g   Pflanzenöl
2 Chile Serrano (Serrano Pfeffer)

Parmesan-Chips

125 g   geriebener Parmesan

Hibiskus-Reduktion

3 g   Cilantrosamen (echter Koriander)
170 g   Hibiskusblüten, getrocknet
3 g   Oregano, getrocknet
9 g   echter Sternanis
12   Lorbeerblätter
15   Nelken
15 g   frischer Thymian
15   schwarze Pfefferkörner
300 g   Zucker
45 g   Maldon Salz
15 g   frischer Knoblauch
540 ml Erdbeeressig
450 ml Wasser
600 ml Weißwein

Den Ricotta auf einer Plancha (Grillplatte) grillen und in kleine Würfel schneiden. Feigen waschen und achteln. Gouda raspeln.

Koriander-Emulsion
Zutaten pürieren und so lange Öl zugeben, bis eine cremige Konsistenz entsteht.

Parmesan-Chips
Parmesan auf einem mit Backpapier ausgelegten Blech gleichmäßig verteilen. 8 Min. bei 160 ° C backen, auskühlen lassen und in Chips brechen.

Hibiskus-Reduktion
Die Gewürze und Kräuter in ein Musselin-Tuch geben und mit allen anderen Zutaten in einem Topf zum Kochen bringen. Den Sud abkühlen lassen, durch ein Sieb geben und nun reduzieren lassen, bis eine Art Sirup entsteht.

Die Tortillas auf der Pfanne oder Plancha vorwärmen und ein wenig Gouda daraufgeben. Wenn der Käse zu schmelzen anfängt, die Tortillas umdrehen, damit der Käse knusprig wird. Auf die Käsekruste zwei Würfel Ricotta und zwei Achtel Feigen legen, wenige Tropfen Hibiskus-Reduktion zugeben, mit Koriander-Emulsion beträufeln und mit Parmesan Chips dekorieren.

Crackers

Bar & Restaurant

Stefan Grill

Daniel Lengsfeld

Das neue Nachtleben

Als der Cookies Club seine Türen schloss, hat das Party-Berlin ein dickes Tränchen verdrückt. Als das Crackers am gleichen Ort seine Türen öffnete, war Berlin um ein kosmopolitisches Restaurant mit internationalem Anspruch reicher.

Einiges war gleich geblieben; die eiserne Tür an der Friedrichstraße, die Klingel, der lange dunkle Korridor. Aber statt eines dunklen Clubs betritt man zunächst eine knallig türkis gekachelte Küche und dann einen lässig eleganten Gastraum mit Bar. Party war gestern, Dining & Drinking ist heute! Küchenchef Daniel Lengsfeld kennt sich aus in der Berliner Szenegastronomie und kreiert für das Crackers unverwechselbare Gerichte mit dem Flair der Metropole.

Anders als im zur Familie gehörenden Cookies Cream kommt hier auch Fleisch und Fisch auf die Karte. Natürlich nur das Beste: Fleisch vom Charolais-Rind aus Freilandhaltung, BBQ vom Havelländer Apfelschwein und Kabeljau aus Wildfang. Inhaber Heinz „Cookie" Gindullis hat ein Auge darauf, dass Vegetarier nicht zu kurz kommen. Gastgeber Stefan Grill und sein Team servieren internationale Weine und ausgesuchte Cocktails. Ach, und zu später Stunde kommt manchmal ganz zufällig ein DJ vorbei und schmeißt die Anlage an ...

Seeteufel, Sauerkraut, Rote Bete, Estragon

4 Portionen

Sauerkraut

500 g	feines Sauerkraut
1	rote Zwiebel
2 EL	Butter
250 ml	Apfelsaft
250 ml	Rote Bete-Saft
½ TL	Kümmel
1	Lorbeerblatt
3 – 4	Wacholderkörner
3 – 4	Pimentkörner

Speise- oder Pfeilwurzelstärke
Salz, Pfeffer, Honig zum Abschmecken

Estragon-Öl

50 g	Estragon
50 g	Petersilie
300 ml	Pflanzenöl

Estragon Crème fraîche

100 g Crème fraîche
Estragon, gehackt
Estragon-Öl
Salz, Pfeffer

Seeteufel

4 Seeteufel Filets je ca. 150g,
von allen Häuten befreit
geklärte Butter und kalte Butter
Salz, Pfeffer
Bottarga, frisch gerieben
(getrockneter Meeräschenrogen)

Sauerkraut

Die Zwiebel in feien Streifen schneiden und in der Butter bei mittlerer Hitze anschwitzen, nicht bräunen. Das Sauerkraut dazugeben und kurz mit anschwitzen. Den Kümmel dazugeben und mit dem Apfel- / Rote Bete-Saft ablöschen. Alle anderen Gewürze in ein Tee-Ei geben und mit dazugeben. Alles etwa 30 – 40 Min. leicht köcheln lassen. Mit in kaltem Wasser angerührter Stärke leicht abbinden. Mit Salz, Pfeffer und Honig süß-säuerlich abschmecken.

Estragon-Öl

Alle Zutaten im Thermomix bei Stufe 8 auf 70 ° C für 5 Min. mixen. Durch ein Sieb passieren und in einer Schüssel auf Eis kalt rühren. In einem dunklen Gefäß aufbewahren.

Estragon Crème fraîche

Alle Zutaten glatt rühren und mit Salz und Pfeffer abschmecken.

Seeteufel

Den Seeteufel salzen und erst in der geklärten Butter bis zum gewünschten Garpunkt braten. Zum Schluss die kalte Butter in die Pfanne geben und arosieren. Mit Pfeffer und Bottarga bestreuen.

Schwein

Weinbar

Christopher Kümper   David Monnie

Neue Heimat

Das Schwein ist zu. Es lebe das neue Schwein!
Mehr zu den Irrungen und Wirrungen im Leben des Schweins soll hier nicht gesagt werden. Das treue Team um Gastgeber David Monnie und Chefkoch Christopher Kümper schaut voller Tatendrang nach vorne. Recht haben sie! Denn gleich vorab: Es ist wunderschön, das neue Schwein. Elegant, schlicht, edel, grau. Und weil ansonsten alles beim erfreulichen Alten geblieben ist, ist die Neueröffnung in Charlottenburg kulinarischer talk of the town.

Christopher Kümper setzt seine präzise Arbeit am neuen Herd fort und überzeugt mit aromatisch und optisch außergewöhnlichen Kreationen. David Monnie umsorgt charmant lächelnd die Gäste und unterstützt gekonnt bei der Auswahl des passenden Weins oder Drinks. Über 160 Weine und 100 Gins sind auf der Getränkekarte. Denn das Schwein wurde mal als Weinbar geboren. Aber mittlerweile ist es so viel mehr als das.

BBQ Lachs mit grüner Sauce und Kartoffelcrumble

4 Portionen

Lachs

4 Stk	Lachs à 140 g
1	Sellerieknolle
1	Fenchelknolle
100 ml	Sojasauce
50 g	Heu

Kartoffelcrumble

100 g	Kartoffel (Linda)
70 g	Frühstücksspeck

Essigpulver, erhältlich im Asialaden

Grüne Sauce

150 g	Zwiebelwürfel
100 ml	Weißwein
500 ml	Geflügelfond
200 ml	Schmand

Saft einer halben Zitrone

je 25 g	Petersilie, Gartenkresse,
	Schnittlauch, Sauerampfer,
	Borretsch, Pimpinelle, Kerbel

Lachs

Die Gemüse putzen und entsaften. Bis zum Sirup einreduzieren lassen und die Sojasauce zufügen. Den Lachs mit dem Heu räuchern, bei 60 ° C im Ofen 8 Min. vorgaren, mit dem Sirup einstreichen und gleichmäßig mit einem Bunsenbrenner abbrennen.

Kartoffelcrumble

Die Kartoffeln dünn aufhobeln und bei 150°C im heißen Fett goldbraun ausbacken. Auf einem Küchentuch abtropfen und mit dem Essigpulver würzen, wenn die Chips noch heiß sind.
Den Speck in feine Würfel schneiden und im eigenen Fett auslassen, bis er knusprig ist. Gut abtropfen und mit den Kartoffelchips in eine Schüssel geben. Alles mit den Händen zu einem Crumble zerstoßen.

Grüne Sauce

Von allen Kräutern etwas Garnitur abnehmen und den Rest blanchieren.
Die Zwiebelwürfel in etwas Öl anschwitzen und mit dem Weißwein ablöschen.
Mit Geflügelfond auffüllen und den Schmand zugeben.
Alles auf ein Drittel einreduzieren und zusammen mit den Kräutern im Standmixer mixen, durch ein feines Sieb passieren und mit Salz und Zitrone abschmecken.

Fritten de Luxe

Pommes rotweiß war gestern. Heute wählt der Pommes-Gourmet von Welt zwischen Pommes-Combos wie Ente Peking, Miso-Furikake, Berliner Eisbein oder Trüffel. Ausgedacht haben sich diese Kreationen die Köche Kajo Hiesl und Vladislav Gachyn.

Schon während sie zusammen in einem der besten Restaurants Deutschlands arbeiteten, haben sie nach einer sympathischen Idee für ein Restaurant ohne Chichi gesucht. Standort Berlin. Als feststand, dass die beiden die Pommes aus ihrer Nebenrolle als Beilage befreien und ins kulinarische Rampenlicht rücken würden, sind sie erstmal auf Studienreise gegangen.

Beneidenswerte drei Monate haben sie in Belgien und den Niederlanden nach den besten Pommesrezepten gesucht. Jetzt servieren Kajo und Vladi die Fritten im belgischen Stil. Zweimal frittiert, dazwischen mindestens eine Stunde Pause. Dann sind sie außen knusprig und innen cremig weich. Klar, dass sie es sich nach den Jobs in der Sternegastronomie nicht nehmen lassen, alle Toppings und Saucen mit den besten Zutaten selbst zu machen. Frittierte Träume werden wahr!

Goldies

Pommesbude

Pommes Berliner Eisbein

4 Portionen

Eisbein

1	Eisbein, fertiggepökelt
Mirepoix (gewürfeltes Wurzelgemüse)	
1	Lorbeerblatt
3	Pfefferkörner
2	Pimentkörner
3	Wacholderbeeren
etwas Salz und Speisestärke	

Sauerkraut

200 g	frisches Sauerkraut, roh
200 g	Ananassaft
100 g	Weißwein
10 g	Weißweinessig
20 g	Zucker
5 g	Salz
1	Lorbeerblatt
1	Pimentkorn
2	Wacholderbeeren
5	schwarze Pfefferkörner
½ TL	Kümmel
2 g	Xanthan

Majo

30 g	Eigelb
30 g	Milch
27 g	Dijonsenf
40 g	grober Senf
15 g	Zucker
6 g	Salz
15 g	Zitronensaft
3 g	Weißweinessig
450 g	Pflanzenöl

Gepuffte Schweineschwarte

500 g	Schweineschwarte
Paprikapulver, geräuchert	

Zusätzlich

1 kg	frische Pommes

Eisbein

Eisbein in einem Topf, bedeckt mit Wasser, dem Mirepoix, Gewürzen und etwas Salz, ungefähr 2 – 3 Stunden leicht köcheln lassen, bis das Eisbein schön weich ist und fast vom Knochen fällt. Im Fond etwas auskühlen lassen, dann das Eisbein herausnehmen und in kleine Stücke zupfen. Den Fond durch ein Sieb gießen ca. 500 ml abnehmen und mit etwas in kaltem Wasser aufgelöster Speisestärke andicken, aufkochen, etwas köcheln lassen, ein wenig auskühlen lassen und mit dem gezupften Eisbein vermengen. Anschließend warm stellen.

Sauerkraut

Alle Zutaten bis auf das Sauerkraut gut vermengen, vor allem das Xanthan gut auflösen. Alles einmal aufkochen, 1 Std. ziehen lassen, anschließend durch ein Sieb gießen und auskühlen lassen. Das Sauerkraut damit marinieren und beiseitestellen.

Majo

Alle Zutaten der Reihenfolge nach in ein hohes, enges Gefäß füllen und mit einem Stabmixer langsam emulgieren, bis eine Majo entsteht.

Gepuffte Schweineschwarte

Schweineschwarte dämpfen oder kochen, bis sie weich ist. Danach trocknen im Dehydrator oder im Ofen bei sehr niedriger Hitze. Anschließend in Stücke brechen und frittieren bei min. 180 ° C, bis die Stücke aufpuffen. Auf Küchenkrepp abtropfen lassen und mit geräuchertem Paprikapulver bestäuben.

Vladislav Gachyn

Kajo Hiesl

Fine Bagels

Bäckerei

Roggen-Bagels

4 Portionen

600 g	Weizen-Mehl
400 g	Roggen-Mehl
10 g	Trockenhefe
20 g	Salz
1 EL	Kümmel
1 TL	Karamell-Extrakt
1 EL	Honig
500 ml	Wasser

Beide Mehlsorten nacheinander mit Salz, Hefe und Kümmel sorgfältig vermischen. Nun die Flüssigkeiten hinzufügen und mit den Händen oder der Maschine zu einem Teig verarbeiten – mind. 6 Min. kneten. Den Teig für 20 Min. bei Raumtemperatur ruhen lassen, dann in 12 gleich große Stücke teilen und diese in eine runde Bagelform bringen. Die Bagels mit Frischhaltefolie abdecken und über Nacht im Kühlschrank kalt stellen.

Am nächsten Tag: Den Ofen auf 240 ° C vorheizen und einen Topf mit Wasser zum Kochen bringen. Etwas Salz und Honig in das Wasser geben. Die Bagels 1 – 2 Min. im Wasser kochen, bis sie an der Oberfläche schwimmen. Aus dem Wasser nehmen, sofort auf ein mit Backpapier ausgelegtes Backblech geben und für 12 – 15 Min. backen, bis eine schöne Kruste entsteht.
Unsere Empfehlung: Zum Roggen-Bagel passen aufgeschlagener Ziegen-Frischkäse, Zwiebel-Chutney und jede Menge Grünes!

Chewy ist am besten!

Mohn, Sesam, Schwarzkümmel, Salz & Pfeffer, Kürbiskern, Zimt, Rosine … es ist schwer, sich bei der fantastischen Auswahl für einen der Bagels zu entscheiden. Und wenn man sich erst für eine Sorte entschieden hat, muss ja auch noch der Belag gewählt werden: klassisch mit Frischkäse und Lachs oder mit Butter und Konfitüre oder eher fancy mit Avocado und Ziegenkäse?

Bei Fine Bagels ist die Qual der Wahl ein Genuss! Laurel Kratochvilas Bagel Business begann eher klein in der Miniküche der englischsprachigen Buchhandlung ihres Mannes. Mittlerweile hat sich die junge Amerikanerin mit Hingabe und Fleiß zur Bagel Queen Berlins gerollt, gebrüht und gebacken. Bei ihr entstehen die Bagels nach traditionellem Rezept und werden vor dem Backen durch kochendes Wasser gezogen. Das verleiht ihnen diesen unverkennbaren Biss, diese elastische Konsistenz, diese chewiness, für die wir in Deutschland keinen richtigen Begriff haben.

Laurel Kratochvila hat definitiv einen Sinn für Texturen und für Geschmack. Kochen und Backen im jüdisch-amerikanischen Stil hat sie von ihrer Mutter und Großmutter gelernt. Kein Wunder, dass auch ihre Rugelachs und Babkas in der ganzen Stadt berühmt sind.

Laurel Kratochvila

Klassische Moderne

Das Richard ist ein traumhafter Ort. Es hat etwas geradezu Surreales, auf der tristen Köpenicker Straße das Restaurant vom Schweizer Künstler Hans Richard zu betreten. Völlig unvermutet befindet sich hinter den historischen schweren Glasfenstern ein heller, großzügiger Raum, zeitlos elegant eingerichtet und vom Inhaber mit sicherer Hand mit moderner Kunst ausgestattet.

Was der Raum verspricht, wird auf dem Teller gehalten. Hans Richard hat sich schon immer neben seiner Kunst mit Leib und Seele der französischen Haute Cuisine gewidmet. Taube, Kalbsbries, Krusten- und Schalentiere … klassische Zutaten der französischen Küche. Und Saucen! Wenn er von seiner Saucen-Obsession erzählt, lächelt er verschmitzt.

War es mutig oder verrückt, in einem verlorenen Winkel von Berlin dieses großartige Restaurant zu eröffnen und sich hinter den Herd zu stellen? Klar kann man von einem Michelin Stern träumen. Aber ihn dann tatsächlich zu bekommen? Hans Richard lächelt schon wieder verschmitzt.

Richard

Restaurant

Hans Richard

Bretonischer Rochen mit Kapern und Mangold

4 Portionen

Rochen

400 g Rochen
Salz, Pfeffer, Mehl
Gemüsefond
Kalbsjus
Fischjus
1 TL Kapern
1 TL Zitronenzeste
1 TL Petersilie, gehackt
Butter, Rapsöl

Beilagen

Petersilienpaste
4 Grenaille Kartoffeln
1 Lorbeerblatt
Salz, Kümmel
Mangold, Blätter und Stiel
Estragon Beurre Blanc
Tomatenwasser
Panko
Schnittlauch-Öl
Grapefruit

Rochen

Das Filet vom Rochen in 4 lange Scheiben zu je 100 g portionieren. Mit Salz und Pfeffer würzen und leicht in Mehl wälzen. In einer Pfanne mit Rapsöl auf beiden Seiten 20 Sek. scharf anbraten. Aus der Pfanne nehmen und das benutzte Öl beseitigen.
Die Pfanne mit einem Löffel Gemüsefond ablöschen. In der Pfanne aus Butter, Kapern, Petersilie, Zitronenzeste, Kalbs- und Fischjus eine dicke Sauce ziehen. Den Fisch in dieser Sauce bis zum gewünschten Garpunkt glasieren.

Beilagen

Die Petersilienpaste würzen und leicht binden. Die Kartoffeln im Ganzen und mit Schale gar kochen. Das Wasser mit Salz, Lorbeer und Kümmel würzen. Nach dem Kochen die Kartoffeln kalt stellen. Vor dem Servieren halbieren und in Butter braten.
Die Mangoldblätter in der Estragon Beurre Blanc gar ziehen und glasieren. Die Mangoldstiele in Streifen schneiden und im Tomatenwasser würzen. Die Panko-Brösel in der Pfanne ohne Fett anrösten und die Grapefruit filetieren.

Zum Anrichten je 2 halbe Kartoffeln auf den Teller setzen und Mangold darübergeben. Petersilienpaste, Panko-Brösel auf dem Rochen verteilen und mit Grapefriut-Filets garnieren.

Rezepte

Kontakte

Bandol sur mer // Torstraße 167, 10115 Berlin // 030 67302051 // www.bandolsurmer.de
beets & roots // Große Hamburger Str. 38, 10115 Berlin-Mitte // www.beetsandroots.de
Bekarei // Dunckerstaße 23, 10437 Berlin // 030 34622230 // www.bekarei.com
Benjamin Perry // www.benjaminskitchen.de
Blomeyer´s Käse // Pestalozzistr. 54A,10627 Berlin // 030 23926440 // www.blomeyer.biz
bone.BERLIN // Markthalle Neun, Eisenbahnstr. 42-43, 10997 Berlin // www.boneberlin.com
Chicha // Friedelstr. 34, 12047 Berlin // 030 62731010 // www.chicha-berlin.de
Cookies Cream // Behrenstr. 55, 10117 Berlin // 030 27492940 // www.cookiescream.com
Crackers Bar & Restaurant // Friedrichstr. 158, 10117 Berlin // 030 680730488 // www.crackersberlin.com
eddielicious // 0176 63186134 // www.eddielicious.de
Fine Bagels // Warschauer Str. 74, 10243 Berlin // www.finebagels.com
Fräulein Kimchi // www.fraeuleinkimchi.com
Funky Fisch // Kantstraße 135-136, 10625 Berlin // 030 23531686 // www.funky-fisch.de
Goldies // Oranienstraße 6, 10997 Berlin // 030 74780320 // www.goldies-berlin.de
Golvet // Potsdamer Str. 58, 10785 Berlin // 030 89064222 // www.golvet.de
Habe die Ehre // Arminiusstraße 2-4, 10551 Berlin // 030 52106727 // www.habe-die-ehre.berlin
Haferkater // Eberswalder Str. 26, 10437 Berlin // 030 47058936 // www.haferkater.com
Herz & Niere // Fichtestraße 31, 10967 Berlin // 030 69001522 // www.herzundniere.berlin
Jungbluth // Lepsiusstraße 63, 12163 Berlin // 030 79789605 // www.jungbluth-restaurant.de
Khwan // Revaler Straße 99, 10245 Berlin // 0152 5901331 // www.khwanberlin.com
Kin Dee // Lützowstraße 81, 10785 Berlin // 030 2155294 // www.kindeeberlin.com
Kolja Kleeberg // www.kolja-kleeberg.de
Kumpel & Keule // Markthalle Neun, Eisenbahnstraße 42-43, 10997 Berlin // www.kumpelundkeule.de
Kumpel & Keule Speisewirtschaft // Skalitzer Str. 97, 10997 Berlin // www.kumpelundkeule.de
La Lucha // Paul-Lincke-Ufer 39/41, 10999 Berlin // 030 55200914 // www.laluchaberlin.com
Lamazère Brasserie // Stuttgarter Pl. 18, 10627 Berlin // 030 31800712 // www.lamazere.de
Luisa Feinkostladen // Danziger Str. 49, 10435 Berlin // 030 26590948 // www.luisakocht.de
Maître Philippe & Filles Feinkost // Emser Str. 42, 10719 Berlin // 030 88683610 // www.maitrephilippe.de

Meyan // Goltzstraße 36, 10781 Berlin // 030 75442540 // www.meyan-berlin.de

Mimi Ferments // Stephanstraße 24, 10559 Berlin // www.mimiferments.com

Nobelhart & Schmutzig // Friedrichstr. 218, 10969 Berlin // 030 25940610 // www.nobelhartundschmutzig.com

Paname Kitchen // Markthalle Neun, Eisenbahnstraße 42-43, 10997 Berlin // facebook.com/panamekitchen

pantástico // www.pantastico.de

Restaurant einsunternull // Hannoversche Str. 1, 10115 Berlin // 030 27577810 // www.restaurant-einsunternull.de

Restaurant Lode & Stijn // Lausitzer Str. 25, 10999 Berlin // 030 65214507 // www.lode-stijn.de

Restaurant Richard // Köpenicker Str. 174, 10997 Berlin // 030 49207242 // www.restaurant-richard.de

Rutz Restaurant & Weinbar // Chausseestr. 8, 10115 Berlin // 030 24628760 // www.rutz-restaurant.de

Schwein Weinbar // Mommsenstraße 63, 10629 Berlin // 030 24356282 // www.schwein.online

Strandbad Mitte // Kleine Hamburger Str. 16, 10117 Berlin // 030 24628963 // www.strandbad-mitte.de

THE MEAT // Damaschkestraße 17, 10711 Berlin // 0800 8436328 // www.themeat.de

Tisk Speisekneipe // Neckarstraße 12, 12053 Berlin // 030 398200000 // www.tisk-speisekneipe.de

TOKI – the white rabbit // Kantstraße 135-136, 10625 Berlin // www.toki-thewhiterabbit.de

tulus lotrek – Speiselokal // Fichtestr. 24, 10967 Berlin // 030 41956687 // www.tuluslotrek.de

25 Teiche // Markthalle Neun, Eisenbahnstraße 42-43, 10997 Berlin // www.forellenhof-rottstock.de

Kenner & Könner

Almila Bagriacik // instagram.com/almila.bagriacik

Cathrin Brandes // www.tidbits.de

Felicitas Then // www.felicitasthen.de

Havelland Express // Gottlieb-Dunkel-Straße 20/21, 12099 Berlin // www.havelland-express.de

Otto Gourmet // www.otto-gourmet.de

Per Meurling // www.berlinfoodstories.com

Weihe GmbH im Fruchthof // Beusselstraße 44 N - Q, 10553 Berlin // www.weihe.de

Rogacki Feinkost Spezialisten // Wilmersdorfer Str. 145/46, 10585 Berlin // 030 3438250 // www.rogacki.de

RSVP // www.rsvp-popup.com

Thomas Platt // www.thomas-platt.de

40seconds Group // Potsdamer Straße 58, 10785 Berlin // www.40seconds.de

Danke

Wir bedanken uns bei den vielen großartigen Berliner Restaurants, Foodfanatikern, Könnern, Köchen, Foodläden & Foodtrucks, Kritikern und Kennern, die beim Buch mitgemacht haben.

Ein besonderes Danke an Marie Wellmann vom Waldorf Astoria Berlin für ihre Unterstützung.

Ein großes Dankeschön auch an Astrid Kaspar, André Wagenzik, Jana de Blank, Daniela von der Horst und an unsere Familien für ihre Geduld und tatkräftige Mitarbeit. Ohne sie hätte das Buch nicht entstehen können.

Und wir verneigen uns vor dem The Village-Team für anhaltend hervorragende Verpflegung während der Produktion.

Autorin: Cathrin Brandes
Fotografie: Florian Bolk
Cover: Michael Schulz,
Chefkoch Golvet Restaurant
Redaktion: Cathrin Brandes,
Florian Bolk, Astrid Kaspar
Bildbearbeitung: André Wagenzik
Korrektorat: Jana de Blank
Art Direction: Daniela von der Horst
Druck: druckhaus köthen GmbH & Co. KG
Vertrieb Buchhandel: Umschau Verlag

Impressum
Die Stadt kocht – Berlin brodelt
von Florian Bolk & Cathrin Brandes
Copyright © 2018
by Le Schicken Verlag, Berlin
www.le-schicken.de